영어듣기 모의고사

COOL LISTENING

DARAKWON

저자 선생님

조금배
- Hawaii Pacific University TESL 학사 및 석사
- 서강대학교 대학원 영어영문학과 언어학 박사 과정
- 〈Hot Listening〉, 〈Cool Grammar〉 시리즈 등 공저

백영실
- 미국 Liberty University 졸업
- 〈Hot Listening〉, 〈절대어휘 5100〉 시리즈 등 공저

김정인
- 캐나다 Mount Saint Vincent University 영어교육학 석사
- 현 캐나다 온타리오주 공인회계사 (CPA)

COOL LISTENING
Basic 2 영어듣기 모의고사

저자 조금배, 백영실, 김정인
펴낸이 정규도
펴낸곳 (주)다락원

초판 2쇄 발행 2023년 5월 10일

편집 서정아, 정연순, 안혜원
디자인 구수정, 포레스트
삽화 Nika Tchaikovskaya
영문 감수 Michael A. Putlack

다락원 경기도 파주시 문발로 211
내용문의 (02) 736-2031 내선 503, 501, 532
구입문의 (02) 736-2031 내선 250~252
Fax (02) 732-2037
출판등록 1977년 9월 16일 제406-2008-000007호

ISBN 978-89-277-8018-2 54740
978-89-277-8016-8 54740(set)

http://www.darakwon.co.kr

다락원 홈페이지를 방문하시면 상세한 출판 정보와 함께 MP3 자료 등의 다양한 어학 정보를 얻으실 수 있습니다.

영어듣기 모의고사

COOL LISTENING

Basic 2

STRUCTURES & FEATURES
구성과 특징

TEST
실전 모의고사

COOL LISTENING Basic 시리즈는 다양한 듣기 시험 문제 유형을 반영한 실전 모의고사 20회를 수록했습니다. 각종 영어 듣기 시험에서 자주 등장하는 문제 유형을 분석하여 문제를 구성했고, 듣기의 기초를 쌓는 데 도움이 되는 문제도 함께 수록했습니다. 또한 필수 표현으로 이루어진 간단한 대화에서 실생활과 밀접한 좀 더 응용된 대화 및 담화로 구성하여, 단계별로 자연스럽게 학습할 수 있도록 했습니다.

QR코드로 음원 바로 듣기

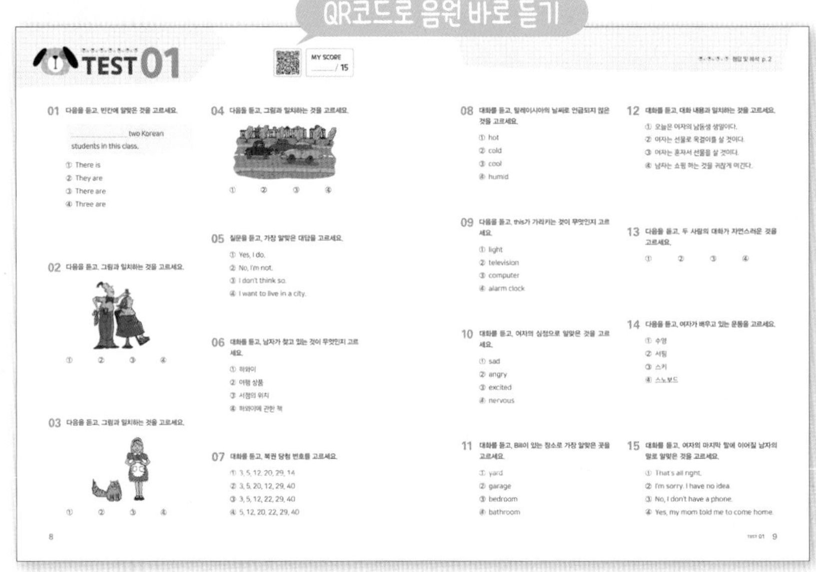

DICTATION
받아쓰기

중요 어휘・표현 및 헷갈릴 수 있는 발음을 점검하고 학습할 수 있도록 받아쓰기를 구성했습니다. 전 지문의 받아쓰기를 통해서 대화 및 담화 내용을 한 번 더 익히고, 중요 표현을 복습할 수 있습니다.

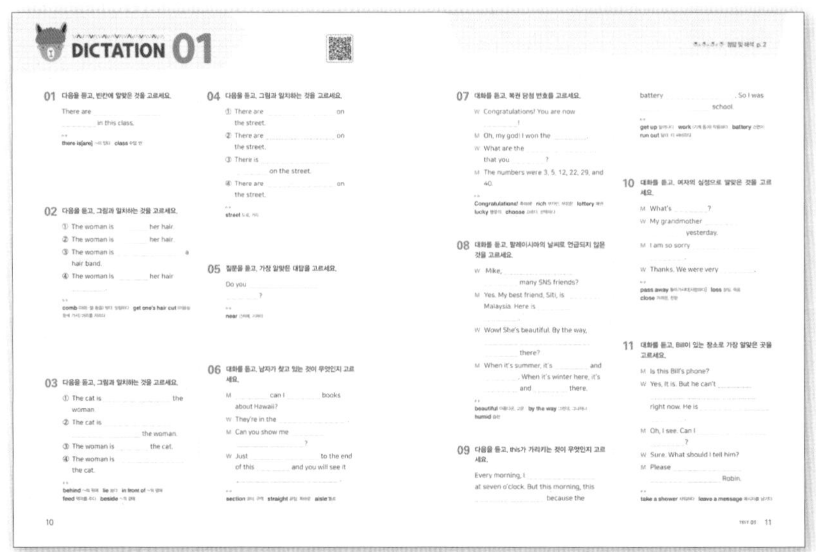

REVIEW TEST
리뷰 테스트

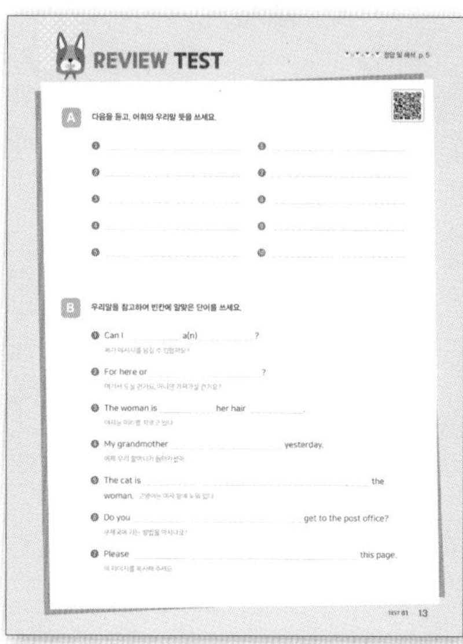

모의고사에서 나온 중요 어휘와 문장을 복습할 수 있는 리뷰 테스트를 수록했습니다.
어휘를 듣고 어휘 및 우리말 뜻 쓰기와, 문장 빈칸 채우기를 통해서 핵심 어휘와 표현을 확실하게 복습할 수 있습니다.

ANSWERS & SCRIPTS
정답 및 해석

한눈에 들어오는 정답 및 해석으로 편리하게 정답, 대본, 중요 어휘를 확인할 수 있습니다.

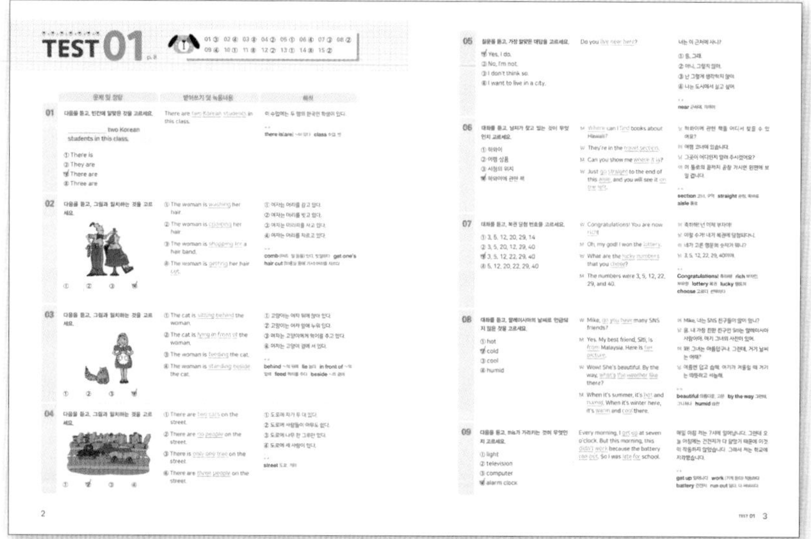

온라인 부가자료 www.darakwon.co.kr
다락원 홈페이지에서 무료로 부가자료를 다운로드하거나 웹에서 이용할 수 있습니다.
• 다양한 MP3 파일 제공: TEST별 (0.8배속 / 1.0배속 / 1.2배속) & 문항별
• 어휘 리스트 & 어휘 테스트

CONTENTS
목차

TEST

실전 모의고사

TEST 01

MY SCORE
_____ / 15

01 다음을 듣고, 빈칸에 알맞은 것을 고르세요.

_______________ two Korean students in this class.

① There is
② They are
③ There are
④ Three are

02 다음을 듣고, 그림과 일치하는 것을 고르세요.

① ② ③ ④

03 다음을 듣고, 그림과 일치하는 것을 고르세요.

① ② ③ ④

04 다음을 듣고, 그림과 일치하는 것을 고르세요.

① ② ③ ④

05 질문을 듣고, 가장 알맞은 대답을 고르세요.

① Yes, I do.
② No, I'm not.
③ I don't think so.
④ I want to live in a city.

06 대화를 듣고, 남자가 찾고 있는 것이 무엇인지 고르세요.

① 하와이
② 여행 상품
③ 서점의 위치
④ 하와이에 관한 책

07 대화를 듣고, 복권 당첨 번호를 고르세요.

① 3, 5, 12, 20, 29, 14
② 3, 5, 20, 12, 29, 40
③ 3, 5, 12, 22, 29, 40
④ 5, 12, 20, 22, 29, 40

08 대화를 듣고, 말레이시아의 날씨로 언급되지 않은 것을 고르세요.

① hot
② cold
③ cool
④ humid

09 다음을 듣고, this가 가리키는 것이 무엇인지 고르세요.

① light
② television
③ computer
④ alarm clock

10 대화를 듣고, 여자의 심정으로 알맞은 것을 고르세요.

① sad
② angry
③ excited
④ nervous

11 대화를 듣고, Bill이 있는 장소로 가장 알맞은 곳을 고르세요.

① yard
② garage
③ bedroom
④ bathroom

12 대화를 듣고, 대화 내용과 일치하는 것을 고르세요.

① 오늘은 여자의 남동생 생일이다.
② 여자는 선물로 목걸이를 살 것이다.
③ 여자는 혼자서 선물을 살 것이다.
④ 남자는 쇼핑 하는 것을 귀찮게 여긴다.

13 다음을 듣고, 두 사람의 대화가 자연스러운 것을 고르세요.

① ② ③ ④

14 다음을 듣고, 여자가 배우고 있는 운동을 고르세요.

① 수영
② 서핑
③ 스키
④ 스노보드

15 대화를 듣고, 여자의 마지막 말에 이어질 남자의 말로 알맞은 것을 고르세요.

① That's all right.
② I'm sorry. I have no idea.
③ No, I don't have a phone.
④ Yes, my mom told me to come home.

01 다음을 듣고, 빈칸에 알맞은 것을 고르세요.

There are ________ ________
________ in this class.

there is[are] ~이 있다 **class** 수업, 반

02 다음을 듣고, 그림과 일치하는 것을 고르세요.

① The woman is ________ her hair.
② The woman is ________ her hair.
③ The woman is ________ ________ a hair band.
④ The woman is ________ her hair ________.

comb (머리·털 등을) 빗다, 빗질하다 **get one's hair cut** (미용실 등에 가서) 머리를 자르다

03 다음을 듣고, 그림과 일치하는 것을 고르세요.

① The cat is ________ ________ the woman.
② The cat is ________ ________ ________ ________ the woman.
③ The woman is ________ the cat.
④ The woman is ________ ________ the cat.

behind ~의 뒤에 **lie** 눕다 **in front of** ~의 앞에
feed 먹이를 주다 **beside** ~의 곁에

04 다음을 듣고, 그림과 일치하는 것을 고르세요.

① There are ________ ________ on the street.
② There are ________ ________ on the street.
③ There is ________ ________ ________ on the street.
④ There are ________ ________ on the street.

street 도로, 거리

05 질문을 듣고, 가장 알맞은 대답을 고르세요.

Do you ________ ________
________?

near 근처에, 가까이

06 대화를 듣고, 남자가 찾고 있는 것이 무엇인지 고르세요.

M ________ can I ________ books about Hawaii?
W They're in the ________ ________.
M Can you show me ________ ________ ________?
W Just ________ ________ to the end of this ________ and you will see it ________ ________ ________.

section 코너, 구역 **straight** 곧장, 똑바로 **aisle** 통로

07 대화를 듣고, 복권 당첨 번호를 고르세요.

W Congratulations! You are now __________!

M Oh, my god! I won the __________.

W What are the __________ __________ that you __________?

M The numbers were 3, 5, 12, 22, 29, and 40.

Congratulations! 축하해! **rich** 부자인, 부유한 **lottery** 복권 **lucky** 행운의 **choose** 고르다, 선택하다

08 대화를 듣고, 말레이시아의 날씨로 언급되지 않은 것을 고르세요.

W Mike, __________ __________ __________ many SNS friends?

M Yes. My best friend, Siti, is __________ Malaysia. Here is __________ __________.

W Wow! She's beautiful. By the way, __________ __________ __________ __________ there?

M When it's summer, it's __________ and __________. When it's winter here, it's __________ and __________ there.

beautiful 아름다운, 고운 **by the way** 그런데, 그나저나 **humid** 습한

09 다음을 듣고, this가 가리키는 것이 무엇인지 고르세요.

Every morning, I __________ __________ at seven o'clock. But this morning, this __________ __________ because the battery __________ __________. So I was __________ __________ school.

get up 일어나다 **work** (기계 등이) 작동하다 **battery** 건전지 **run out** 닳다, 다 써버리다

10 대화를 듣고, 여자의 심정으로 알맞은 것을 고르세요.

M What's __________?

W My grandmother __________ __________ yesterday.

M I am so sorry __________ __________ __________.

W Thanks. We were very __________.

pass away 돌아가시다[사망하다] **loss** 상실, 죽음 **close** 가까운, 친한

11 대화를 듣고, Bill이 있는 장소로 가장 알맞은 곳을 고르세요.

M Is this Bill's phone?

W Yes, it is. But he can't __________ __________ __________ __________ right now. He is __________ __________ __________.

M Oh, I see. Can I __________ __________ __________?

W Sure. What should I tell him?

M Please __________ __________ __________ __________ Robin.

take a shower 샤워하다 **leave a message** 메시지를 남기다

DICTATION 01

12 대화를 듣고, 대화 내용과 일치하는 것을 고르세요.

W Today is my sister's birthday.

M Really? Did you ________ ________ ________ for her?

W No, but I am ________ ________ to buy a necklace for her now.

M Do you ________ ________ ________ ________ with you?

W Yes, please.

●●
present 선물 **necklace** 목걸이

13 다음을 듣고, 두 사람의 대화가 자연스러운 것을 고르세요.

① M ________ ________ or ________ ________?

W To go, please.

② W ________ ________ ________ ________ again. How are you doing?

M You're welcome.

③ M Please ________ ________ ________ of this page.

W You should never print anything.

④ W ________ did you ________ the news?

M Yes, I got a new shirt.

●●
make a copy of ~을 복사하다 **print** 출력하다 **news** 소식, 뉴스

14 다음을 듣고, 여자가 배우고 있는 운동을 고르세요.

I really wanted to ________, but at first, I ________ ________. My dad would help me by ________ ________ ________ as I tried to ________ ________ ________ on the board. I practiced a lot. One day, I was finally able to ________ ________ the slope by myself, and my dad was very ________ ________ me.

●●
scared 무서운, 겁먹은 **hold** 잡다, 쥐다 **keep one's balance** 균형을 잡다 **practice** 연습하다 **be able to** ~할 수 있다 **slope** (스키장의) 슬로프, 경사지 **by oneself** 혼자 **proud** 자랑스러운

15 대화를 듣고, 여자의 마지막 말에 이어질 남자의 말로 알맞은 것을 고르세요.

W Excuse me. ________ ________ ________ ________ something?

M Yes, you can.

W Do you know ________ ________ ________ ________ the post office?

M I'm sorry. I have no idea.

●●
how to ~하는 방법 **get to** ~에 가다, 도착하다 **post office** 우체국

정답 및 해석 p. 5

A 다음을 듣고, 어휘와 우리말 뜻을 쓰세요.

❶ ______ ______ ❻ ______ ______

❷ ______ ______ ❼ ______ ______

❸ ______ ______ ❽ ______ ______

❹ ______ ______ ❾ ______ ______

❺ ______ ______ ❿ ______ ______

B 우리말을 참고하여 빈칸에 알맞은 단어를 쓰세요.

❶ Can I ______ a(n) ______?
제가 메시지를 남길 수 있을까요?

❷ For here or ______ ______?
여기서 드실 건가요, 아니면 가져가실 건가요?

❸ The woman is ______ her hair ______.
여자는 머리를 자르고 있다.

❹ My grandmother ______ ______ yesterday.
어제 우리 할머니가 돌아가셨어.

❺ The cat is ______ ______ ______ ______ the woman. 고양이는 여자 앞에 누워 있다.

❻ Do you ______ ______ ______ get to the post office?
우체국에 가는 방법을 아시나요?

❼ Please ______ ______ ______ ______ this page.
이 페이지를 복사해 주세요.

TEST 02

MY SCORE

______ / 15

01 다음을 듣고, 빈칸에 알맞은 것을 고르세요.

Jamie ____________ in classical music.

① is interested
② is interesting
③ are interested
④ has an interest

02 다음을 듣고, 그림과 일치하는 것을 고르세요.

① ② ③ ④

03 다음을 듣고, 그림과 일치하는 것을 고르세요.

① ② ③ ④

04 다음을 듣고, 그림과 일치하는 것을 고르세요.

① ② ③ ④

05 질문을 듣고, 가장 알맞은 대답을 고르세요.

① You're welcome.
② Let's go together.
③ That sounds good.
④ I'm too busy today.

06 대화를 듣고, 남자가 원하는 것이 무엇인지 고르세요.

① 급행 차표 1장
② 일반 차표 1장
③ 급행 차표 2장
④ 일반 차표 2장

07 대화를 듣고, 현재 시각을 고르세요.

① 4시 10분
② 9시 15분
③ 9시 45분
④ 10시 15분

08 다음을 듣고, 오늘 오후의 날씨로 알맞은 것을 고르세요.

① 맑고 더움
② 흐리고 비
③ 맑고 따뜻함
④ 흐리고 안개

09 다음을 듣고, 마지막 질문에 대한 알맞은 답을 고르세요.

① pencils
② erasers
③ glasses
④ notebooks

10 대화를 듣고, 여자의 심정으로 알맞은 것을 고르세요.

① tired
② upset
③ happy
④ surprised

11 대화를 듣고, 두 사람이 대화하는 장소로 가장 알맞은 곳을 고르세요.

① airport
② bus stop
③ train station
④ department store

12 대화를 듣고, 대화 내용과 일치하는 것을 고르세요.

① 남자는 오늘 친구의 결혼식에 가야 한다.
② 남자는 사촌의 신부를 만나 본 적이 있다.
③ 남자는 사촌의 신부를 잘 알고 있다.
④ 남자의 사촌은 내일 결혼한다.

13 다음을 듣고, 두 사람의 대화가 어색한 것을 고르세요.

① ② ③ ④

14 대화를 듣고, 남자가 테니스를 칠 수 없는 이유를 고르세요.

① 발목을 다쳐서
② 교통사고가 나서
③ 병문안을 가야 해서
④ 다른 약속이 있어서

15 대화를 듣고, 남자의 마지막 말에 이어질 여자의 말로 알맞은 것을 고르세요.

① That's too bad.
② Really? I'll take it.
③ I think I have to go.
④ Do you have any earrings?

01 다음을 듣고, 빈칸에 알맞은 것을 고르세요.

Jamie ________ ________ ________ classical music.

be interested in ~에 관심이 있다 **classical music** 클래식 음악

02 다음을 듣고, 그림과 일치하는 것을 고르세요.

① The man is ________ the cell phone.

② The man is ________ ________ the cell phone.

③ The man is ________ the cell phone with ________ ________.

④ The man is ________ ________ the cell phone.

fix 고치다, 수리하다 **both** 양쪽의, 둘 다의

03 다음을 듣고, 그림과 일치하는 것을 고르세요.

① The woman has a ________.

② The woman has a ________ ________.

③ The woman has a ________.

④ The woman has a ________.

backache 허리의 통증, 요통 **sore** 아픈 **throat** 목구멍, 목 **headache** 두통 **fever** 열

04 다음을 듣고, 그림과 일치하는 것을 고르세요.

① The girl is ________ ________ ________ the boys.

② The girl is the ________.

③ The girl is the ________.

④ Two boys are ________ ________.

glasses 안경

05 질문을 듣고, 가장 알맞은 대답을 고르세요.

Why don't you ________ ________ ________ my house tomorrow?

Why don't you ~? ~하지 않을래? **come over to** ~에 오다

06 대화를 듣고, 남자가 원하는 것이 무엇인지 고르세요.

W ________ ________ ________ help you?

M Two tickets to Busan, please.

W Do you want ________ ________ ________ tickets?

M Regular tickets, please.

express 급행의 **regular** 일반의

07 대화를 듣고, 현재 시각을 고르세요.

W Excuse me. Do you __________ __________ __________?

M Sure. It's a __________ __________ __________.

W Thank you very much.

M __________ __________ __________.

Do you have the time? 지금 몇 시입니까?
quarter 15분; 4분의 1 **Don't mention it.** 별말씀을요.

08 다음을 듣고, 오늘 오후의 날씨로 알맞은 것을 고르세요.

Good morning. Here is the __________ for today. It's a bit __________ and __________ now. The __________ __________ __________ is 10%. However, the __________ will be clear and it should be __________ and __________ in the afternoon.

a bit 약간, 조금 **cloudy** 흐린, 구름이 낀 **foggy** 안개가 낀
chance 가능성; 기회 **clear** 맑은

09 다음을 듣고, 마지막 질문에 대한 알맞은 답을 고르세요.

I __________ __________ well what the teachers __________ on the board. So I __________ my mother about that. My mother said I need these. What __________ __________ __________ I need?

board 칠판

10 대화를 듣고, 여자의 심정으로 알맞은 것을 고르세요.

M Hi, Lisa. Where __________ __________ __________?

W To the __________ __________ with my family. I'm so __________.

M Wow, __________ __________!

W Thanks.

amusement park 놀이공원 **excited** 신이 난, 들뜬

11 대화를 듣고, 두 사람이 대화하는 장소로 가장 알맞은 곳을 고르세요.

M I'm __________ __________ __________ you very much.

W I'll miss you, too. Have a __________ __________ and say hello to your family for me.

M I will. I __________ __________ go to the __________ now.

W Okay. Have a nice trip and __________ __________ __________ yourself.

miss 그리워하다 **flight** 비행 **gate** (공항의) 게이트, 탑승구
trip 여행 **Take care of yourself.** 몸 조심해.

12 대화를 듣고, 대화 내용과 일치하는 것을 고르세요.

M I have to go to my ________ ________ tomorrow.

W Have you met your cousin's ________?

M No, ________ ________ ________ her.

W Do you know ________ ________ ________?

M No, I don't.

●●
cousin 사촌 **bride** 신부

13 다음을 듣고, 두 사람의 대화가 어색한 것을 고르세요.

① M Who's this?
W This is my ________ ________.

② W You don't look well. What's wrong with you?
M I ________ ________ ________ the flu.

③ M Are you ________ ________ your younger sister?
W She ________ 45 kilograms.

④ W I have an English exam tomorrow.
M I hope you ________ ________.

●●
elder brother 형, 오빠 **come down with** (병에) 걸리다
flu 독감 **weigh** 무게가 ~이다 **exam** 시험

14 대화를 듣고, 남자가 테니스를 칠 수 없는 이유를 고르세요.

M Hello. May I ________ ________ Jill? This is Sam.

W This is Jill speaking. What's ________ ________, Sam?

M I ________ my ________ this morning, so I ________ ________ ________ ________ play tennis today.

W What a ________! I hope you ________ ________ ________.

●●
ankle 발목 **What a pity!** 안됐다!, 유감이다!
get better (병·상황 등이) 회복되다, 좋아지다

15 대화를 듣고, 남자의 마지막 말에 이어질 여자의 말로 알맞은 것을 고르세요.

W Can I see this necklace?

M Of course. Oh, it ________ ________ ________ you.

W ________ ________ is it?

M Well, it was originally ________ dollars but it's ________% ________ today.

W Really? I'll take it.

●●
originally 원래 **off** 할인하여

정답 및 해석 p. 9

A 다음을 듣고, 어휘와 우리말 뜻을 쓰세요.

1 ____________ ____________
2 ____________ ____________
3 ____________ ____________
4 ____________ ____________
5 ____________ ____________
6 ____________ ____________
7 ____________ ____________
8 ____________ ____________
9 ____________ ____________
10 ____________ ____________

B 우리말을 참고하여 빈칸에 알맞은 단어를 쓰세요.

1 I hope you ____________ ____________ soon.
네가 곧 회복되길 바라.

2 The woman ____________ a(n) ____________.
여자는 허리가 아프다.

3 The man is ____________ the cell phone with ____________ hands.
남자는 양손으로 휴대폰을 쥐고 있다.

4 I'm ____________ ____________ ____________ you very much.
네가 아주 많이 그리울 거야.

5 The girl is ____________ ____________ ____________ the boys.
여자아이는 남자아이들과 키가 같다.

6 Excuse me. Do you ____________ ____________ ____________?
실례합니다만, 지금 몇 시입니까?

7 ____________ ____________ ____________ come over to my house tomorrow?
내일 우리 집에 오지 않을래?

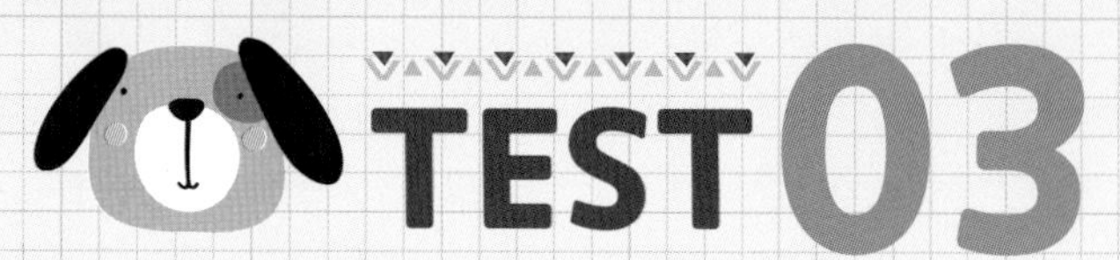

MY SCORE
______ / 15

01 다음을 듣고, 빈칸에 알맞은 것을 고르세요.

My brother ________________ school very early today.

① went
② went to
③ want to
④ wants to

02 다음을 듣고, 그림과 일치하는 것을 고르세요.

① ② ③ ④

03 다음을 듣고, 그림과 일치하는 것을 고르세요.

① ② ③ ④

04 다음을 듣고, 그림과 일치하는 것을 고르세요.

① ② ③ ④

05 질문을 듣고, 가장 알맞은 대답을 고르세요.

① By bus.
② I want to drive.
③ With my mother.
④ My father can drive.

06 대화를 듣고, 두 사람이 이번 주말에 할 일로 알맞은 것을 고르세요.

① 소풍 ② 쇼핑
③ TV 시청 ④ 피자 주문

07 대화를 듣고, 두 사람이 지불해야 할 총 금액을 고르세요.

Menu			
Pizza	Regular: $13	Large: $16	
Soda	Small: $3	Medium: $4	Large: $5

① $16 ② $17
③ $18 ④ $19

08 다음을 듣고, 오늘의 날씨로 알맞은 것을 고르세요.

① 비
② 눈
③ 흐림
④ 맑음

09 다음을 듣고, this가 가리키는 것이 무엇인지 고르세요.

① hair dryer
② refrigerator
③ air conditioner
④ washing machine

10 대화를 듣고, 두 사람의 상태로 알맞은 것을 고르세요.

① sad
② tired
③ hopeful
④ energetic

11 다음을 듣고, 안내 방송이 나오는 장소로 가장 알맞은 곳을 고르세요.

① 공항
② 지하철
③ 기차역
④ 버스 터미널

12 대화를 듣고, 대화 내용과 일치하는 것을 고르세요.

① 여자는 영어 숙제를 해야 한다.
② 남자는 야구를 하고 싶어 한다.
③ 남자는 공원에 가고 싶어 한다.
④ 남자는 여자에게 숙제를 도와 달라고 말한다.

13 다음을 듣고, 두 사람의 대화가 어색한 것을 고르세요.

① ② ③ ④

14 대화를 듣고, 남자가 잃어버린 물건으로 언급되지 않은 것을 고르세요.

① 옷
② 여권
③ 지갑
④ 휴대폰

15 대화를 듣고, 여자의 마지막 말에 이어질 남자의 말로 알맞은 것을 고르세요.

① I am not going.
② I'm fine. Thank you.
③ I came here by plane.
④ We are planning to go by bus.

01 다음을 듣고, 빈칸에 알맞은 것을 고르세요.

My brother ________ ________ school very ________ today.

early 일찍

02 다음을 듣고, 그림과 일치하는 것을 고르세요.

① The girl is ________ a picture.
② The girl is ________ a picture.
③ The girl is ________ ________ a picture.
④ The girl is ________ a picture.

draw 그리다 hang up ~을 걸다, 매달다

03 다음을 듣고, 그림과 일치하는 것을 고르세요.

① Two people are ________ on a ________.
② The woman is ________ with a ________.
③ The man is ________ ________ ________.
④ The woman is ________ with a ________.

bench 벤치, 긴 의자 doll 인형

04 다음을 듣고, 그림과 일치하는 것을 고르세요.

① It's ________, and Jenny is ________ her pencil.
② It's ________, and Jenny is listening to music.
③ It's ________, and Jenny is ________ the bedroom.
④ It's ________, and Jenny is ________ at her desk.

spin 돌리다, 회전시키다 rainy 비가 오는 windy 바람이 부는

05 질문을 듣고, 가장 알맞은 대답을 고르세요.

________ do you ________ ________ school?

06 대화를 듣고, 두 사람이 이번 주말에 할 일로 알맞은 것을 고르세요.

M What are ________ ________ for this weekend?
W Well, let's just ________ TV at home and ________ some pizza.
M Again? Let's ________ ________.
W Okay, that ________ ________. Let's do that.

plan 계획 order 주문하다

07 대화를 듣고, 두 사람이 지불해야 할 총 금액을 고르세요.

W What do you ________ ________ ________?

M I want to eat one ________ ________.

W Okay. I'd like to have one ________ ________.

M Let's ________ ________ now.

have ~ in mind ~을 생각하다[염두에 두다]
regular (크기가) 보통의; 규칙적인 **soda** 탄산음료

08 다음을 듣고, 오늘의 날씨로 알맞은 것을 고르세요.

It was very ________ yesterday. I went to the ________ with my family. I really ________ ________ at the beach. We wanted to go there ________ today, but it ________ ________ ________ all day. I am really ________. I hope it is ________ tomorrow.

beach 해변 **enjoy** 즐기다 **all day** 하루 종일
disappointed 실망한

09 다음을 듣고, this가 가리키는 것이 무엇인지 고르세요.

This is a ________ ________ that you may have in your home. It ________ the air ________. ________ this, you ________ ________ very hot in the summertime. People usually put it on a ________ or even on the ________.

modern 현대적인 **machine** 기계 **keep** 유지하다
without ~이 없다면 **usually** 보통 **wall** 벽 **ceiling** 천장

10 대화를 듣고, 두 사람의 상태로 알맞은 것을 고르세요.

M What a ________ ________!

W I know. We ________ ________ at six o'clock in the morning, and now it's ________ ________.

M It's ________ ________ ________ a mountain.

W Tell me about it. I ________ ________ it again.

almost 거의 **climb** 오르다, 올라가다
Tell me about it. 정말 그래.

11 다음을 듣고, 안내 방송이 나오는 장소로 가장 알맞은 곳을 고르세요.

This ________ is Seoul Station, Seoul Station. The ________ ________ for this stop are on your ________. You can ________ ________ line number 4 at this station. Please watch ________ ________ when you ________ the train. Thank you.

stop 정류장, 정거장 **station** (기차) 역
exit door 출구, 나가는 문 **transfer** 갈아타다, 환승하다
watch one's step 발밑을 조심하다

12 대화를 듣고, 대화 내용과 일치하는 것을 고르세요.

M Do you want to go to the park and ________ ________?

W I can't. I have a lot of ________ ________.

M I'll help you after we ________ ________.

W Okay. Let's go.

play badminton 배드민턴을 치다 **a lot of[lots of]** 많은 **math** 수학 **homework** 숙제

13 다음을 듣고, 두 사람의 대화가 어색한 것을 고르세요.

① W ________ ________ ________.
M I'm sorry. I forget.

② M I would like to ________ this ________.
W Sure. I will take it.

③ W Do you have ________ ________ ________ tonight?
M Yes, we do. Do you want a single room or a double room?

④ M Can I help you with anything?
W No, thanks. I am just ________ ________.

fasten 매다, 채우다 **seatbelt** 안전벨트 **forget** 잊다 **send** 보내다 **package** 소포 **available** 이용 가능한 **look around** 구경하다, 둘러보다

14 대화를 듣고, 남자가 잃어버린 물건으로 언급되지 않은 것을 고르세요.

M Oh, my god! Where is my ________?

W What! How could that ________? Look ________.

M It is gone. I just ________ ________ my jacket and ________ it on the bench. I talked to you for a little while. Everything is gone: my tickets, ________, wallet, ________, credit cards, and digital camera. ________ ________ ________ ________?

W Gosh, call your credit card companies and ________ this to the ________. I guess our trip is over, too.

happen (일·사건 등이) 일어나다 **carefully** 주의 깊게 **be gone** 사라지다 **take off** (옷 등을) 벗다 **for a little while** 잠깐 동안 **passport** 여권 **wallet** 지갑 **cash** 현금 **credit card** 신용카드 **report to the police** 경찰에 신고하다 **over** 끝이 난

15 대화를 듣고, 여자의 마지막 말에 이어질 남자의 말로 알맞은 것을 고르세요.

M We are going to ________ ________ ________ ________ next week. Do you want to ________ ________?

W Sure. Where ________ ________ ________?

M We are going to Redwood National Park.

W ________ are you going to ________ ________?

M We are planning to go by bus.

join 함께 하다, 참가하다 **national park** 국립 공원

정답 및 해석 p. 13

A 다음을 듣고, 어휘와 우리말 뜻을 쓰세요.

1. ____________ ____________
2. ____________ ____________
3. ____________ ____________
4. ____________ ____________
5. ____________ ____________
6. ____________ ____________
7. ____________ ____________
8. ____________ ____________
9. ____________ ____________
10. ____________ ____________

B 우리말을 참고하여 빈칸에 알맞은 단어를 쓰세요.

1. I really ____________ ____________ at the beach.
   나는 해변에서 수영하는 것을 정말로 즐겼다.
2. The air conditioner ____________ the air ____________.
   에어컨은 공기를 시원하게 유지시킵니다.
3. I just ____________ ____________ my jacket and left it on the bench.
   나는 재킷을 벗어서 벤치 위에 뒀을 뿐이야.
4. It has been ____________ ____________ ____________.
   하루 종일 비가 내리고 있다.
5. I would like to ____________ ____________ ____________.
   저는 이 소포를 보내고 싶습니다.
6. Please ____________ ____________ ____________ when you leave the train.
   전철에서 내리실 때 발밑을 조심하세요.
7. Do you want a(n) ____________ ____________ or a(n) ____________ ____________? 1인실을 원하십니까, 아니면 2인실을 원하십니까?

TEST 04

MY SCORE

_____ / 15

01 다음을 듣고, 빈칸에 알맞은 것을 고르세요.

I don't remember __________ for the first time.

① when we met
② when to meet
③ where we met
④ where to meet

02 다음을 듣고, 그림과 일치하는 것을 고르세요.

① ② ③ ④

03 다음을 듣고, 그림과 일치하는 것을 고르세요.

① ② ③ ④

04 다음을 듣고, 그림과 일치하는 것을 고르세요.

① ② ③ ④

05 질문을 듣고, 가장 알맞은 대답을 고르세요.

① Sure.
② Thanks.
③ I can't wait.
④ You're welcome.

06 대화를 듣고, 여자가 남자에게 부탁한 일로 알맞은 것을 고르세요.

① 짐 들어 주기
② 문 열어 주기
③ 식사 같이 하기
④ 생일 파티 준비

07 대화를 듣고, 두 사람이 만나기로 한 시각을 고르세요.

① 4시 30분
② 5시 30분
③ 6시
④ 6시 30분

정답 및 해석 p. 14

08 다음을 듣고, 오늘이 무슨 요일인지 고르세요.

①	②	③	④
Sunday	Monday	Tuesday	Wednesday
맑음	맑음	약간 흐리고 맑음	비

09 다음을 듣고, this가 가리키는 것이 무엇인지 고르세요.

① ski
② car
③ horse
④ bicycle

10 대화를 듣고, 두 사람의 심정으로 알맞은 것을 고르세요.

① 후회
② 안심
③ 걱정
④ 분노

11 다음을 듣고, Ruby가 잠을 자는 장소로 알맞은 곳을 고르세요.

① kitchen
② my room
③ living room
④ my parents' room

12 대화를 듣고, 대화 내용과 일치하지 않는 것을 고르세요.

① 남자는 바쁜 하루를 보냈다.
② 남자는 도서관에 갔었다.
③ 남자는 축구 연습하러 갔었다.
④ 남자는 집에서 공부했다.

13 다음을 듣고, 두 사람의 대화가 자연스러운 것을 고르세요.

① ② ③ ④

14 대화를 듣고, Mike가 학교에 결석한 이유를 고르세요.

① 병원에 입원해서
② 아버지가 아프셔서
③ 가족과 여행을 가서
④ 수영 대회에 출전해서

15 대화를 듣고, 남자의 마지막 말에 이어질 여자의 말로 알맞은 것을 고르세요.

① I don't either.
② It's really nice.
③ No, I was busy.
④ You're so lucky.

01 다음을 듣고, 빈칸에 알맞은 것을 고르세요.

I don't remember ________ ________ ________ for the first time.

remember 기억하다 for the first time 처음으로

02 다음을 듣고, 그림과 일치하는 것을 고르세요.

① People are at the ________.
② People are at the ________.
③ People are in the ________.
④ People are on the ________.

theater 극장, 영화관 gym 체육관

03 다음을 듣고, 그림과 일치하는 것을 고르세요.

① My mother gets up at ________ ________.
② My mother gets up at ________ ________-________.
③ My mother goes to bed at ________ ________.
④ My mother goes to bed at ________ ________-________.

04 다음을 듣고, 그림과 일치하는 것을 고르세요.

① Jane is ________ ________ ________.
② Tom is ________ ________ ________.
③ Mike ________ ________ ________.
④ Danny is ________ ________ ________.

by ~의 옆에 cap (앞부분에 챙이 달린) 모자

05 질문을 듣고, 가장 알맞은 대답을 고르세요.

Can you ________ ________ ________ for me?

get 사다, 얻다

06 대화를 듣고, 여자가 남자에게 부탁한 일로 알맞은 것을 고르세요.

W Can you ________ ________ ________ for me? My hands are ________.
M No problem. Did you ________ ________ today?
W Yes, I did. Tomorrow is my friend's ________.
M She's very ________ ________ ________ a good friend like you.

full 가득 찬

07 대화를 듣고, 두 사람이 만나기로 한 시각을 고르세요.

M Hello, Ellen? This is Bob. Guess what! I ________ ________ ________ for *Cats*.

W That's what I really ________ ________ ________. What time is the musical?

M It's 6:30. How about meeting ________ ________ ________ in front of the theater?

W Okay. It's 4:30 now. I should ________ ________. See you soon.

●●
Guess what! (놀랄 만한 일을 가르쳐 주며) 있잖아!
hurry up 서두르다

08 다음을 듣고, 오늘이 무슨 요일인지 고르세요.

Here is the ________ for the next couple of days. The sunny weather will ________ ________ tomorrow. On Tuesday, it will be partly ________ and ________. When you go out on Wednesday, don't forget ________ ________. There may be some ________.

●●
continue 계속되다, 지속하다 **through** ~까지, 내내
partly 약간, 부분적으로 **umbrella** 우산

09 다음을 듣고, this가 가리키는 것이 무엇인지 고르세요.

When I was young, my father showed me ________ ________ ________ this. I once ________ ________ this and ________ my knee. This has two ________.

●●
ride 타다 **fall off** ~에서 떨어지다 **hurt** 다치다 **knee** 무릎
wheel 바퀴

10 대화를 듣고, 두 사람의 심정으로 알맞은 것을 고르세요.

W ________ ________ ________ ________ now?

M It's ________ seven o'clock in the evening.

W Michael ________ ________ ________ around five o'clock.

M I know. Do you have his friends' ________ ________?

●●
already 벌써, 이미

11 다음을 듣고, Ruby가 잠을 자는 장소로 알맞은 곳을 고르세요.

I have a dog ________ Ruby. Her ________ is in the living room. My parents' room is ________ ________ ________ the living room. My room is next to the ________. Ruby sleeps ________ ________ ________ in my room.

●●
called (이름이) ~라고 불리는 **doghouse** 개집
next to ~의 옆에 **living room** 거실 **kitchen** 부엌

12 대화를 듣고, 대화 내용과 일치하지 않는 것을 고르세요.

W ______ ______ your day?

M Not bad, Mom.

W What ______ ______ ______?

M I had a ______ ______ today. I went to the ______. Then, I went to ______ ______.

●●
library 도서관

13 다음을 듣고, 두 사람의 대화가 자연스러운 것을 고르세요.

① M ______ Kyndra ______ a boyfriend?
W Yes, she is.

② W What do you ______ ______ ______?
M I want to have a Coke.

③ M Who is your ______ ______?
W I like to sing songs.

④ W Do you ______ ______?
M Yes, I love them.

●●
Coke 콜라 **favorite** 가장 좋아하는

14 대화를 듣고, Mike가 학교에 결석한 이유를 고르세요.

W What ______ ______ Mike? He is ______ ______ ______ today.

M Yes. I heard he is ______ ______ ______.

W What? What's wrong with him?

M He ______ ______ ______ lifting ______ at the gym.

W Oh, that's too bad.

●●
absent 결석한 **back** 허리, 등 **lift** 들어올리다 **weight** 역기

15 대화를 듣고, 남자의 마지막 말에 이어질 여자의 말로 알맞은 것을 고르세요.

M Hi, Jennifer. ______ ______ ______ in Seoul?

W It's ______ today.

M I don't like ______.

W I don't either.

●●
either (부정문에서) ~도 또한 (아니다)

REVIEW TEST

정답 및 해석 p. 17

A 다음을 듣고, 어휘와 우리말 뜻을 쓰세요.

1 ________ ________
2 ________ ________
3 ________ ________
4 ________ ________
5 ________ ________
6 ________ ________
7 ________ ________
8 ________ ________
9 ________ ________
10 ________ ________

B 우리말을 참고하여 빈칸에 알맞은 단어를 쓰세요.

1 Who is your ________ ________?
네가 가장 좋아하는 가수는 누구니?

2 The sunny weather ________ ________ through tomorrow.
화창한 날씨는 내일까지 계속될 것입니다.

3 How about meeting ________ ________ ________ in front of the theater. 극장 앞에서 한 시간 일찍 만나는 게 어때?

4 I heard he is ________ ________ ________.
그가 병원에 입원 중이라고 들었어.

5 He ________ ________ ________ school today.
그는 오늘 학교에 결석했다.

6 She's very ________ ________ ________ a good friend like you.
너처럼 좋은 친구를 두다니 그녀는 운이 참 좋구나.

7 When I was young, my father showed me ________ ________ ________ a bicycle. 제가 어렸을 때, 아빠는 제게 자전거를 타는 방법을 보여 주셨습니다.

TEST 05

MY SCORE
______ / 15

01 다음을 듣고, 빈칸에 알맞은 것을 고르세요.

Can you turn on the ___________?

① late
② little
③ light
④ right

02 다음을 듣고, 그림과 일치하는 것을 고르세요.

①　②　③　④

03 다음을 듣고, 그림과 일치하는 것을 고르세요.

①　②　③　④

04 다음을 듣고, 그림과 일치하는 것을 고르세요.

①　②　③　④

05 질문을 듣고, 가장 알맞은 대답을 고르세요.

① I am so tired.
② I enjoyed the meal.
③ I'm looking for a pencil case.
④ My hobby is watching movies.

06 대화를 듣고, 여자가 남자에게 부탁한 일로 알맞은 것을 고르세요.

① 청소하기
② 식사 준비하기
③ 집에 빨리 오기
④ 과일과 달걀 사기

07 대화를 듣고, 남자가 지불해야 할 금액을 고르세요.

① $4
② $8
③ $16
④ $18

08 다음을 듣고, 내일의 날씨로 알맞은 것을 고르세요.

① 비
② 눈
③ 흐림
④ 맑음

09 다음을 듣고, I가 가리키는 것이 무엇인지 고르세요.

① cow
② rabbit
③ monkey
④ elephant

10 대화를 듣고, 남자의 심정으로 알맞은 것을 고르세요.

① 미안함
② 지루함
③ 부러움
④ 불만스러움

11 대화를 듣고, 여자가 가고 있는 장소로 가장 알맞은 곳을 고르세요.

① school
② restaurant
③ fashion show
④ friend's home

12 대화를 듣고, 대화 내용과 일치하는 것을 고르세요.

① 남자는 Sandy와 영화를 볼 것이다.
② 남자는 Sandy와 도서관에 갈 것이다.
③ 남자는 Sandy와 버스를 기다리고 있다.
④ 남자는 도서관에 가기 위해 버스를 기다리고 있다.

13 다음을 듣고, 두 사람의 대화가 어색한 것을 고르세요.

① ② ③ ④

14 대화를 듣고, 여자가 기운이 없어 보이는 이유를 고르세요.

① 몸이 아파서
② 스트레스를 받아서
③ 점심을 먹지 않아서
④ 슬픈 소식을 전해 들어서

15 대화를 듣고, 남자의 마지막 말에 이어질 여자의 말로 알맞은 것을 고르세요.

① Don't worry.
② I like singing.
③ You're welcome.
④ I'd like to have some more.

01 다음을 듣고, 빈칸에 알맞은 것을 고르세요.

Can you __________ __________
__________ __________?

turn on (전기·가스·TV 등을) 켜다

02 다음을 듣고, 그림과 일치하는 것을 고르세요.

① The woman is a __________.
② The woman is a __________.
③ The woman is a __________.
④ The woman is a __________.

pharmacist 약사 **carpenter** 목수 **secretary** 비서
photographer 사진사

03 다음을 듣고, 그림과 일치하는 것을 고르세요.

① Mike is playing __________ __________
__________.
② Jimmy is playing __________
__________ __________.
③ Tom is playing __________ __________
__________.
④ John is playing __________ __________
__________.

slide 미끄럼틀 **swing** 그네 **seesaw** 시소 **sand** 모래

04 다음을 듣고, 그림과 일치하는 것을 고르세요.

① The bed is __________ __________
__________ __________.
② The pants are __________ __________
__________.
③ The slippers are __________ __________
__________.
④ The cat is __________ __________
__________.

pants 바지 **slippers** 슬리퍼

05 질문을 듣고, 가장 알맞은 대답을 고르세요.

__________ your __________?

hobby 취미

06 대화를 듣고, 여자가 남자에게 부탁한 일로 알맞은 것을 고르세요.

W Hello?
M Hello. It's me. I'm __________
__________ __________ __________
right now. Do I need __________
__________ any food?
W Please get some __________ and
__________.
M Okay. See you soon.

on one's way 가는 중인

07 대화를 듣고, 남자가 지불해야 할 금액을 고르세요.

M I'm __________ __________ a birthday present for my friend. Could you __________ something?

W Sure. How about this picture frame? It's __________ __________ now.

M I think my friend __________ __________ it. __________ __________ is it?

W It's __________ dollars with the __________.

recommend 추천하다, 권하다 **picture frame** 액자
on sale 할인 중인 **discount** 할인

08 다음을 듣고, 내일의 날씨로 알맞은 것을 고르세요.

Today, the weather was __________ and __________. It was a little cold. Tomorrow, it will be __________, and there will be __________ __________. Take your __________ and __________ with you. I will be back at seven o'clock with a __________ __________. Now, it's time for the local news.

heavy snow 폭설 **glove** 장갑 **update** 최신 정보
local 지역의, 현지의

09 다음을 듣고, I가 가리키는 것이 무엇인지 고르세요.

I have __________ __________ __________ and eat __________. Many people know the __________ __________ about me and the __________.

grass 풀, 잔디 **famous** 유명한 **turtle** 거북이

10 대화를 듣고, 남자의 심정으로 알맞은 것을 고르세요.

M Mom, please help! Jason __________ __________ in my sketchbook.

W Why can't you __________ __________ to your brother? He is just five years old.

M You are always __________ __________ __________. It's not __________.

W Oh, Jamie. That's not true. I love you and your brother __________.

sketchbook 스케치북 **on one's side** ~의 편을 드는
fair 공평한 **equally** 똑같이, 공평히

11 대화를 듣고, 여자가 가고 있는 장소로 가장 알맞은 곳을 고르세요.

M __________ __________ __________ __________ you're wearing today!

W Thank you.

M What's the __________ __________?

W My friend Susan, is playing the piano at the __________ __________. I am __________ __________ __________ __________ now.

neat 산뜻한, 말쑥한 **special** 특별한
occasion (특정한) 때, 경우

DICTATION 05

12 대화를 듣고, 대화 내용과 일치하는 것을 고르세요.

W Luke, ________ are you ________ here?

M I'm ________ ________ Sandy.

W What are you ________ ________ ________ with her?

M We're going to the ________.

wait for ~을 기다리다

13 다음을 듣고, 두 사람의 대화가 어색한 것을 고르세요.

① W When ________ ________ ________?
   M I was born in 2012.

② M How often do you do exercise?
   W ________ ________ ________.

③ W Do you like ________ tennis?
   M Yes, I am ________.

④ M ________ ________ ________ ________ ________ the post office?
   W Turn right at the corner and go straight two blocks.

born 태어난 often 자주, 종종 exercise 운동
every other day 이틀마다

14 대화를 듣고, 여자가 기운이 없어 보이는 이유를 고르세요.

M ________ something ________, Holly?

W Why do you ask?

M Well, you ________ ________ or something.

W No, no. I'm okay. I'm just ________ ________ ________ today. That's all.

M Busy, huh?

W Yeah. ________ ________ ________ this day will never end.

depressed 기운이 없는, 우울한 kind of 조금, 약간
stressed 스트레스를 받는 seem like ~인 것 같다

15 대화를 듣고, 남자의 마지막 말에 이어질 여자의 말로 알맞은 것을 고르세요.

W ________ are you ________ ________?

M I enjoy playing soccer. ________ ________ ________?

W I like singing.

정답 및 해석 p. 21

A 다음을 듣고, 어휘와 우리말 뜻을 쓰세요.

1. ______ ______
2. ______ ______
3. ______ ______
4. ______ ______
5. ______ ______
6. ______ ______
7. ______ ______
8. ______ ______
9. ______ ______
10. ______ ______

B 우리말을 참고하여 빈칸에 알맞은 단어를 쓰세요.

1. Can you ______ ______ the light?
   불 좀 켜 주겠니?
2. The bed is ______ ______ the chair.
   침대는 의자 옆에 있다.
3. Turn right at the ______ and go ______ two blocks.
   모퉁이에서 오른쪽으로 돌아서 두 블록을 곧장 가세요.
4. What ______ you ______ ______?
   너는 무엇에 관심이 있니?
5. You are always ______ ______ ______.
   당신은 항상 그의 편이에요.
6. I'm ______ ______ ______ ______ right now.
   저는 지금 집에 가는 중이에요.
7. Tomorrow, it will be ______, and there will be ______ ______. 내일은 더 추워지겠으며 폭설이 오겠습니다.

TEST 06

MY SCORE
______ / 15

01 다음을 듣고, 빈칸에 알맞은 것을 고르세요.

______________ like your job?

① Do you
② Did you
③ Don't you
④ Didn't you

02 다음을 듣고, 그림과 일치하는 것을 고르세요.

①　②　③　④

03 다음을 듣고, 그림과 일치하는 것을 고르세요.

①　②　③　④

04 다음을 듣고, 그림과 일치하는 것을 고르세요.

①　②　③　④

05 질문을 듣고, 가장 알맞은 대답을 고르세요.

① I am very tired.
② That's right. I am.
③ Yes, I was born in Canada.
④ I will get off at the next stop.

06 대화를 듣고, 두 사람이 무엇에 대해 이야기하고 있는지 고르세요.

① 휴가 계획
② 휴가 기간
③ 한국의 여름
④ 남자의 부모님

07 대화를 듣고, 현재 시각을 고르세요.

① 5시
② 6시
③ 9시
④ 10시

08 대화를 듣고, 현재 날씨로 알맞은 것을 고르세요.

① 맑음
② 비
③ 눈
④ 안개

09 다음을 듣고, it이 가리키는 것이 무엇인지 고르세요.

① letter
② computer
③ smartphone
④ digital camera

10 대화를 듣고, 여자의 심정으로 알맞은 것을 고르세요.

① 걱정
② 슬픔
③ 미안함
④ 화가 남

11 대화를 듣고, 두 사람이 대화하는 장소로 가장 알맞은 곳을 고르세요.

① home
② school
③ restaurant
④ flower shop

12 대화를 듣고, 대화 내용과 일치하지 <u>않는</u> 것을 고르세요.

① 여자는 Peter가 똑똑하다고 생각한다.
② 여자는 Peter가 게으르다고 생각한다.
③ Peter는 숙제를 항상 한다.
④ Peter는 모든 사람에게 친절하다.

13 다음을 듣고, 두 사람의 대화가 자연스러운 것을 고르세요.

① ② ③ ④

14 대화를 듣고, 남자가 여자에게 문자메시지를 보낸 의도를 고르세요.

① 충고
② 칭찬
③ 격려
④ 사과

15 대화를 듣고, 남자의 마지막 말에 이어질 여자의 말로 알맞은 것을 고르세요.

① Here you go.
② Okay. That'll be $10.
③ I'll have orange juice.
④ Great. I'll be right back.

01 다음을 듣고, 빈칸에 알맞은 것을 고르세요.

__________ __________ like your job?

job 일, 직업

02 다음을 듣고, 그림과 일치하는 것을 고르세요.

① The man is __________ __________ the stairs.

② The man is __________ __________ the stairs.

③ The man is __________ __________ the stairs.

④ The man is __________ __________ the stairs.

stairs 계단

03 다음을 듣고, 그림과 일치하는 것을 고르세요.

① It's __________ __________ in the morning.

② It's __________ __________ in the morning.

③ It's __________ o'clock in the evening.

④ It's __________ __________ in the evening.

04 다음을 듣고, 그림과 일치하는 것을 고르세요.

① The girl is __________ a gift.

② The girl is __________ the floor.

③ The boy is __________ __________ __________ the tree.

④ The boy is __________ the tree.

wrap 포장하다 sweep (먼지 등을) 쓸다, 청소하다
floor 바닥, 마루 reach out for ~쪽으로 손을 뻗다

05 질문을 듣고, 가장 알맞은 대답을 고르세요.

__________ __________ __________ __________ Canada next month?

06 대화를 듣고, 두 사람이 무엇에 대해 이야기하고 있는지 고르세요.

M What are you going to do this __________ __________?

W My husband and I will __________ __________ __________ in Korea.

M When was the __________ __________ you __________ them?

W It was almost __________ __________ __________.

vacation 방학, 휴가 husband 남편 visit 방문하다

07 대화를 듣고, 현재 시각을 고르세요.

M I ______ ______ go now. ______ ______ ______ for five hours.

W Really? It's already nine o'clock.

M I ______ I ______ ______ here longer, but I ______ ______ my homework.

W I hope you had a good time with us.

●●
wish ~이면 좋겠다 **stay** 계속 있다, 머물다

08 대화를 듣고, 현재 날씨로 알맞은 것을 고르세요.

W It's kind of ______ in here. ______ ______ the weather ______ outside?

M It's ______.

W Really? I didn't know that. Then I should ______ to the supermarket ______ ______ walking there.

M Yes, but you should drive ______.

●●
chilly 쌀쌀한, 추운 **pour** (비가) 퍼붓다 **instead of** ~ 대신에

09 다음을 듣고, it이 가리키는 것이 무엇인지 고르세요.

Wherever I go, I can ______ ______ from people. I can ______ ______ with it and send ______ on it. It is small, and I can ______ it in my ______.

●●
wherever 어디든지 **receive** 받다 **pocket** 주머니

10 대화를 듣고, 여자의 심정으로 알맞은 것을 고르세요.

W Can you ______ ______ ______ ______ now?

M I will do that after I ______ my ______.

W You ______ ______ that, but you ______ ______ it. Please do it now.

M Okay. I'll do it ______ ______.

●●
take out ~을 들고 나가다, 치우다 **garbage** 쓰레기

11 대화를 듣고, 두 사람이 대화하는 장소로 가장 알맞은 곳을 고르세요.

W Nice job! Now the classroom is ______ ______.

M Thanks a lot. We ______ ______ ______.

W You guys cleaned the ______ and ______ well.

M I'm happy you ______ ______.

●●
do one's best 최선을 다하다

DICTATION 06

12 대화를 듣고, 대화 내용과 일치하지 않는 것을 고르세요.

M ___________ ___________ ___________ ___________ ___________ Peter?

W I like Peter. He is very ___________. But he is very ___________.

M Yeah, he ___________ ___________ ___________ his homework.

W But he's ___________ ___________ everyone. ___________ ___________ I like him.

smart 똑똑한 lazy 게으른
That's why ~ 그것이 ~한 이유이다

14 대화를 듣고, 남자가 여자에게 문자메시지를 보낸 의도를 고르세요.

W Hello, Sean. It's Donna. I am ___________ ___________ your text message.

M Oh, I don't usually write things like that, but you ___________ ___________ lately.

W Thanks for your message. It was so ___________ ___________ ___________ to send it. Your message really ___________ ___________ ___________.

M ___________ ___________ ___________ ___________?

call about ~일로 전화를 걸다 seem ~처럼 보이다, ~인 듯하다
down 의기소침한 lately 최근에 cheer up ~을 격려하다
What are friends for? 친구 좋다는 게 뭐니?

13 다음을 듣고, 두 사람의 대화가 자연스러운 것을 고르세요.

① M What is your ___________ ___________?
W No, I don't.

② W May I ask ___________ ___________ ___________?
M Please call me later.

③ M I have a ___________.
W I am glad to hear that.

④ W ___________ ___________ classes are you taking this ___________?
M I am taking five classes.

subject 과목, 주제 later 나중에 stomachache 복통
semester 학기

15 대화를 듣고, 남자의 마지막 말에 이어질 여자의 말로 알맞은 것을 고르세요.

M Are you ___________ ___________ ___________?

W Yes, ___________ ___________ ___________ ___________ spaghetti and meatballs.

M ___________ ___________ ___________?

W I'll have orange juice.

spaghetti 스파게티 meatball 고기완자, 미트볼

정답 및 해석 p. 25

A 다음을 듣고, 어휘와 우리말 뜻을 쓰세요.

1. ____________ ____________
2. ____________ ____________
3. ____________ ____________
4. ____________ ____________
5. ____________ ____________
6. ____________ ____________
7. ____________ ____________
8. ____________ ____________
9. ____________ ____________
10. ____________ ____________

B 우리말을 참고하여 빈칸에 알맞은 단어를 쓰세요.

1. ____________ ____________ ____________ ____________ ____________ outside? 바깥의 날씨는 어때?
2. ____________ ____________ I like him. 그게 내가 그를 좋아하는 이유야.
3. What is your ____________ ____________? 네가 가장 좋아하는 과목이 뭐니?
4. Are you ____________ ____________ ____________? 주문할 준비가 되셨나요?
5. The girl is ____________ ____________ ____________. 여자아이는 바닥을 쓸고 있다.
6. I ____________ I could ____________ here ____________. 내가 여기에 더 오래 있을 수 있다면 좋을 텐데.
7. The man is ____________ ____________ the ____________. 남자는 계단을 올라가고 있다.

TEST 07

MY SCORE
_______ / 15

01 다음을 듣고, 빈칸에 알맞은 것을 고르세요.

My husband ________________.

① ever tell lies
② ever tells lies
③ never tell lies
④ never tells lies

02 다음을 듣고, 그림과 일치하는 것을 고르세요.

① ② ③ ④

03 다음을 듣고, 그림과 일치하는 것을 고르세요.

① ② ③ ④

04 다음을 듣고, 그림과 일치하는 것을 고르세요.

① ② ③ ④

05 질문을 듣고, 가장 알맞은 대답을 고르세요.

① It is a hot day.
② I like America.
③ About six months.
④ On February 4, 2022.

06 대화를 듣고, 두 사람이 무엇에 대해 이야기하고 있는지 고르세요.

① 수업
② 직업
③ 성적표
④ 시험 공부

07 대화를 듣고, 여자가 지불해야 할 금액을 고르세요.

① $7
② $12
③ $14
④ $15

08 다음을 듣고, 동부 지역의 날씨로 알맞은 것을 고르세요.

① 춥고 비
② 맑고 화창함
③ 바람 불고 선선함
④ 따뜻하고 약간 흐림

09 다음을 듣고, this가 가리키는 것이 무엇인지 고르세요.

① map
② book
③ ticket
④ camera

10 대화를 듣고, 여자의 심정으로 알맞은 것을 고르세요.

① lonely
② proud
③ surprised
④ depressed

11 대화를 듣고, 두 사람이 대화하는 장소로 가장 알맞은 곳을 고르세요.

① bakery
② kitchen
③ restaurant
④ grocery store

12 대화를 듣고, 대화 내용과 일치하는 것을 고르세요.

① 남자가 창문을 깼다.
② 건물 안에 비디오 카메라가 있다.
③ 여자는 비상구를 통해 밖으로 나갔다.
④ 여자는 남자에게 비디오를 찍어 달라고 했다.

13 다음을 듣고, 두 사람의 대화가 어색한 것을 고르세요.

① ② ③ ④

14 대화를 듣고, Meg가 학교에서 보이지 않는 이유를 고르세요.

① 요양하러 시골에 갔다.
② 공부하러 캐나다에 갔다.
③ 다쳐서 병원에 입원해 있다.
④ 캐나다에 있는 어머니를 만나러 갔다.

15 대화를 듣고, 남자의 마지막 말에 이어질 여자의 말로 알맞은 것을 고르세요.

① I like summer.
② I really enjoyed it.
③ I want to be a flight attendant.
④ My favorite sport is basketball.

01 다음을 듣고, 빈칸에 알맞은 것을 고르세요.

My husband ___________ ___________ ___________.

lie 거짓말

02 다음을 듣고, 그림과 일치하는 것을 고르세요.

① The boy is ___________ ___________ ___________.

② The boy is ___________ ___________ ___________.

③ The boy is ___________ ___________ ___________.

④ The boy is ___________ ___________ ___________.

catch 잡다 mouse 쥐 touch 만지다 crab 게
chicken 닭 shrimp 새우

03 다음을 듣고, 그림과 일치하는 것을 고르세요.

① My sister's birthday is on ___________ ___________.

② My sister's birthday is on ___________ ___________.

③ My sister's birthday is on ___________ ___________.

④ My sister's birthday is on ___________ ___________.

September 9월 October 10월 November 11월

04 다음을 듣고, 그림과 일치하는 것을 고르세요.

① The man is ___________ on the ___________.

② The girls are ___________ with the ___________.

③ The dog is ___________ with a ___________.

④ The boy is ___________ ___________ ___________.

relax 쉬다 fight 싸우다

05 질문을 듣고, 가장 알맞은 대답을 고르세요.

___________ ___________ are you going to ___________ in America?

how long 얼마나 오랫동안

06 대화를 듣고, 두 사람이 무엇에 대해 이야기하고 있는지 고르세요.

M My ___________ are so bad. I can't show my ___________ ___________ to my parents.

W Let me see it. I ___________ ___________ ___________ ___________ so bad.

M Do you really think so?

W Yes, you ___________ ___________ ___________, and they know it. You will do ___________ ___________ ___________ the next time.

grade 성적, 학점 report card 성적표

07 대화를 듣고, 여자가 지불해야 할 금액을 고르세요.

M It's already a ________ ________ ________. We should get tickets now.

W Okay. ________ ________ are they?

M They are ________ dollars ________.

W Let me ________ ________ this time.

••
each 각각(의) **treat** 대접하다, 한턱 내다

08 다음을 듣고, 동부 지역의 날씨로 알맞은 것을 고르세요.

Here is today's weather on *Channel 5 News*. It's going to be cold with ________ ________ on the ________ side. The ________ is going to be sunny with ________ ________. On the ________ side of the country, it will be warm and ________ ________.

••
heavy rain 폭우 **side** 쪽, 측

09 다음을 듣고, this가 가리키는 것이 무엇인지 고르세요.

I ________ ________ on our trip to Jeju Island. I ________ ________ of my family with this.

••
bring 가지고 가다

10 대화를 듣고, 여자의 심정으로 알맞은 것을 고르세요.

M Oh, ________ ________ ________ baby! How old is she?

W She's ________ ________ old.

M She has such a ________ ________ smile.

W Thank you. She is ________ ________ ________.

••
smile 웃음 **joy** 기쁨

11 대화를 듣고, 두 사람이 대화하는 장소로 가장 알맞은 곳을 고르세요.

W May I ________ ________ ________, sir?

M Sure. I am ________. I ________ ________ the mushroom soup and onion rings.

W Would you like ________ ________?

M Yes, I want ________ ________ ________ cheesecake, too.

••
starve 몹시 배고프다 **mushroom** 버섯 **else** 그 밖의, 다른 **piece** 조각

DICTATION 07

12 대화를 듣고, 대화 내용과 일치하는 것을 고르세요.

W Who ______ ______
______ next to the door?

M I don't know.

W Is there a video camera ______
______ ______?

M Yes, there is.

W That's good. I'll ______ ______
______ ______ then.

break 깨다, 부수다 **building** 건물 **check** 살피다, 확인하다
video recording 녹화 영상

13 다음을 듣고, 두 사람의 대화가 어색한 것을 고르세요.

① W I am very sorry that I ______
______ ______.
M That's okay. I know you were busy.

② M When is the ______ ______
______ L.A.?
W It leaves at five.

③ W What do you ______ ______
in your ______ ______?
M I usually play computer games.

④ M ______ does the movie
______?
W At my school.

begin 시작하다

14 대화를 듣고, Meg가 학교에서 보이지 않는 이유를 고르세요.

W Does ______ ______ why Meg
has not been in school ______?

M She's ______ ______ Canada
with her mom.

W Really? ______ is she going to
______ ______?

M She will be gone ______ ______
______. She is going to study
there.

15 대화를 듣고, 남자의 마지막 말에 이어질 여자의 말로 알맞은 것을 고르세요.

W What do you ______ ______
______, Paul?

M I want to ______ ______
______ sick animals.

W You want to be a ______, don't
you?

M Yes, I do. ______ ______
______?

W I want to be a flight attendant.

take care of ~을 돌보다 **vet** 수의사
flight attendant (비행기) 승무원

정답 및 해석 p. 29

A 다음을 듣고, 어휘와 우리말 뜻을 쓰세요.

1. ______ ______
2. ______ ______
3. ______ ______
4. ______ ______
5. ______ ______
6. ______ ______
7. ______ ______
8. ______ ______
9. ______ ______
10. ______ ______

B 우리말을 참고하여 빈칸에 알맞은 단어를 쓰세요.

1. The boy is ______ the ______.
   남자아이는 닭에게 모이를 주고 있다.
2. The man is ______ on the ______.
   남자는 풀밭에서 쉬고 있다.
3. It's already a(n) ______ ______ ______.
   벌써 9시 15분이네.
4. My husband never ______ ______.
   내 남편은 절대 거짓말을 하지 않는다.
5. You want to be a(n) ______, ______ ______?
   넌 수의사가 되길 원하는구나, 그렇지 않니?
6. Who ______ ______ ______ next to the door?
   누가 문 옆의 창문을 깼나요?
7. I ______ ______ of my family with my camera.
   저는 카메라로 우리 가족의 사진을 찍었습니다.

TEST 08

MY SCORE
______ / 15

01 다음을 듣고, 빈칸에 알맞은 것을 고르세요.

Jason ____________ go to Church when he was young.

① used
② use to
③ uses to
④ used to

02 다음을 듣고, 그림과 일치하는 것을 고르세요.

① ② ③ ④

03 다음을 듣고, 그림과 일치하는 것을 고르세요.

① ② ③ ④

04 다음을 듣고, 그림과 일치하는 것을 고르세요.

① ② ③ ④

05 질문을 듣고, 가장 알맞은 대답을 고르세요.

① I see you there.
② I am eating an apple.
③ Your plan sounds great.
④ I am going to study English.

06 대화를 듣고, 두 사람이 무엇에 대해 이야기하고 있는지 고르세요.

① 손
② 1월
③ 전화기
④ 전화 요금

07 대화를 듣고, 현재 시각을 고르세요.

① 9시 11분
② 10시 51분
③ 11시
④ 11시 9분

08 다음을 듣고, 내일의 날씨로 알맞은 것을 고르세요.

① 춥고 비
② 약간 흐림
③ 맑고 따뜻함
④ 바람 불고 따뜻함

09 다음을 듣고, this season이 가리키는 것이 무엇인지 고르세요.

① spring
② summer
③ fall
④ winter

10 대화를 듣고, 두 사람의 심정으로 알맞은 것을 고르세요.

① 걱정
② 실망
③ 그리움
④ 반가움

11 대화를 듣고, 두 사람이 대화하는 장소로 가장 알맞은 곳을 고르세요.

① hospital
② ticket office
③ clothing store
④ lost and found

12 대화를 듣고, 대화 내용과 일치하는 것을 고르세요.

① 남자는 케이크를 싫어한다.
② 케이크에는 소금이 들어간다.
③ 케이크에는 달걀이 들어가지 않는다.
④ 남자는 케이크 만드는 방법을 배우고 싶어 한다.

13 다음을 듣고, 두 사람의 대화가 자연스러운 것을 고르세요.

① ② ③ ④

14 대화를 듣고, 두 사람이 달려간 이유를 고르세요.

① 약속 시간을 지키기 위해서
② 마지막 지하철을 타기 위해서
③ 등교 시간에 늦지 않기 위해서
④ 병원에 제때에 도착하기 위해서

15 대화를 듣고, 여자의 마지막 말에 이어질 남자의 말로 알맞은 것을 고르세요.

① Never mind.
② I need some rest.
③ That's a great idea.
④ You're running too fast.

01 다음을 듣고, 빈칸에 알맞은 것을 고르세요.

Jason ________ ________ ________ ________ ________ when he was young.

used to ~하곤 했다 church 교회

02 다음을 듣고, 그림과 일치하는 것을 고르세요.

① The woman is ________ ________ ________.

② The woman is ________ ________.

③ The woman is ________ ________.

④ The woman is ________ ________.

backpack 배낭 borrow 빌리다 bake 굽다

03 다음을 듣고, 그림과 일치하는 것을 고르세요.

① It is ________ in Seoul, and it is ________ in Busan.

② It is ________ in Seoul, and it is ________ in Busan.

③ It is ________ in Seoul, and it is ________ in Busan.

④ It is ________ in Seoul, and it is ________ in Busan.

04 다음을 듣고, 그림과 일치하는 것을 고르세요.

① The watch is ________ ________ the ball.

② The bag is ________ the ball.

③ The watch is ________ the vase ________ the bag.

④ The bag is ________ ________ ________ the vase.

watch (손목)시계 between A and B A와 B 사이에
vase 화병

05 질문을 듣고, 가장 알맞은 대답을 고르세요.

What are your ________ ________ ________ ________?

06 대화를 듣고, 두 사람이 무엇에 대해 이야기하고 있는지 고르세요.

W What do you have ________ ________ ________?

M The ________ ________ for January.

W How much is it?

M Almost ________ dollars. That is ________ ________ ________ than I thought it would be.

bill 청구서, 고지서

07 대화를 듣고, 현재 시각을 고르세요.

M Excuse me. Do you __________ __________ __________?

W Sorry. I'm busy now.

M __________ __________? I mean, __________ __________ is it now?

W Oops. It's __________ __________ __________.

Pardon me? 뭐라고 하셨죠? mean ~의 뜻으로 말하다
past (몇 시가) 지나

08 다음을 듣고, 내일의 날씨로 알맞은 것을 고르세요.

Good evening from *Channel 2 Weather News*. Right now, it's __________, but it's going to be __________ __________ tonight. It will be __________ and __________ tomorrow. __________ __________ __________ take your umbrella when you go out. On the weekend, it'll be __________ and __________.

make sure to 꼭 ~하도록 하다 weekend 주말

09 다음을 듣고, this season이 가리키는 것이 무엇인지 고르세요.

I love this season because I can __________ __________ and build a __________.

season 계절 sled 썰매를 타다 snowman 눈사람

10 대화를 듣고, 두 사람의 심정으로 알맞은 것을 고르세요.

W __________ __________, __________ __________!

M __________ __________ __________ __________?

W I have been great. How about you?

M I have been great, too. Are you __________ this __________ __________ as well?

W Yes. I am glad that we are taking __________ __________ __________.

Long time, no talk! 오랜만이야! as well 또한, 역시

11 대화를 듣고, 두 사람이 대화하는 장소로 가장 알맞은 곳을 고르세요.

W How may I help you?

M I __________ my backpack. Did anyone __________ __________ __________ by any chance?

W Well... __________ does it __________ __________?

M It's __________ and green.

W Sorry. We don't have one __________ __________.

turn in ~을 돌려주다 by any chance 혹시
look like ~처럼 보이다

DICTATION 08

12 대화를 듣고, 대화 내용과 일치하는 것을 고르세요.

M Honey, this chocolate cake is __________.

W __________ __________ you like it.

M __________ __________ __________?

W Milk, __________, __________, sugar, and chocolate.

M Please teach me __________ __________ __________ it.

delicious 맛있는 flour 밀가루 chocolate 초콜릿

13 다음을 듣고, 두 사람의 대화가 자연스러운 것을 고르세요.

① M Where did you buy your water bottle?

W It was __________ __________.

② W How do you want to send this?

M __________ __________ __________, please.

③ M Where is the __________?

W Yeah, I just ate.

④ W How long __________ __________ __________ here?

M I have studied biology.

water bottle 물병 registered mail 등기 우편 cafeteria 구내식당 biology 생물학

14 대화를 듣고, 두 사람이 달려간 이유를 고르세요.

M Hurry up! Otherwise, we will __________ __________ __________ __________.

W I am trying, but I can't __________ __________. My side __________.

M Come on. Run! You can do it. __________ my hand. Look over there. __________ __________ the subway.

W Whew, I am glad we __________ __________.

otherwise 그렇지 않으면 miss 놓치다 anymore 더 이상은 side 옆구리 ache 아프다, 쑤시다 make it (어떤 일을) 해내다, (시간 맞춰) 도착하다

15 대화를 듣고, 여자의 마지막 말에 이어질 남자의 말로 알맞은 것을 고르세요.

M What __________ __________ __________ over the weekend?

W I just __________ __________ and __________ all weekend.

M That's not good for your __________.

W I know. I'll __________ __________ __________.

M That's a great idea.

health 건강

정답 및 해석 p. 33

A 다음을 듣고, 어휘와 우리말 뜻을 쓰세요.

1. ________ ________
2. ________ ________
3. ________ ________
4. ________ ________
5. ________ ________
6. ________ ________
7. ________ ________
8. ________ ________
9. ________ ________
10. ________ ________

B 우리말을 참고하여 빈칸에 알맞은 단어를 쓰세요.

1. The woman is ________ ________.
   여자는 빵을 굽고 있다.
2. ________, we will ________ the last subway.
   그렇지 않으면, 우리는 마지막 지하철을 놓칠 거야.
3. The watch is ________ the vase ________ the bag.
   시계는 화병과 가방 사이에 있다.
4. What are ________ ________ ________ this year?
   올해 네 계획은 무엇이니?
5. Please teach me ________ ________ ________ it.
   그걸 만드는 방법 좀 가르쳐 줘요.
6. ________ ________ ________ take your umbrella when you go out. 외출할 때는 우산을 꼭 가져 가세요.
7. Jason ________ ________ ________ to church when he was young. Jason은 어렸을 때 교회에 다니곤 했다.

TEST 09

MY SCORE ______ / 15

01 다음을 듣고, 빈칸에 알맞은 것을 고르세요.

Emma gave her __________ to the elderly lady.

① site
② seat
③ shirt
④ sheet

02 다음을 듣고, 그림과 일치하는 것을 고르세요.

① ② ③ ④

03 다음을 듣고, 그림과 일치하는 것을 고르세요.

① ② ③ ④

04 다음을 듣고, 그림과 일치하는 것을 고르세요.

① ② ③ ④

05 다음을 듣고, 가장 알맞은 응답을 고르세요.

① Stop it!
② Good luck!
③ Watch out!
④ You're welcome.

06 대화를 듣고, 대화 내용과 일치하지 않는 것을 고르세요.

① 남자가 커피를 살 것이다.
② 여자는 커피 살 돈이 없다.
③ 커피 값은 각자 계산할 것이다.
④ 여자는 커피를 마시고 싶어 한다.

07 대화를 듣고, 지금까지 남자가 여자를 기다린 시간을 고르세요.

① 20분
② 40분
③ 1시간
④ 1시간 30분

08 다음을 듣고, 하와이의 내일 날씨로 알맞은 것을 고르세요.

① rainy
② sunny
③ snowy
④ stormy

09 다음을 듣고, this가 가리키는 것이 무엇인지 고르세요.

① bus
② train
③ bicycle
④ airplane

10 대화를 듣고, 남자의 심정으로 알맞은 것을 고르세요.

① 안도함
② 반가움
③ 불안함
④ 짜증스러움

11 대화를 듣고, 여자가 있는 장소로 가장 알맞은 곳을 고르세요.

① kitchen
② bedroom
③ bathroom
④ living room

12 대화를 듣고, 여자의 증상으로 언급되지 않은 것을 고르세요.

① 열
② 기침
③ 두통
④ 콧물

13 다음을 듣고, 두 사람의 대화가 어색한 것을 고르세요.

① ② ③ ④

14 대화를 듣고, 여자가 추천하는 공부 방법으로 알맞은 것을 고르세요.

① 오랫동안 공부해라.
② 조금 더 집중해서 공부해라.
③ 필기한 것을 여러 번 복습해라.
④ 추천해 주는 책을 가지고 공부해라.

15 대화를 듣고, 남자의 마지막 말에 이어질 여자의 말로 알맞은 것을 고르세요.

① Sure.
② It's me.
③ That's okay.
④ That's too bad.

01 다음을 듣고, 빈칸에 알맞은 것을 고르세요.

Emma __________ her __________ to the __________ lady.

give one's seat to ~에게 자리를 양보하다
elderly 연세가 드신

02 다음을 듣고, 그림과 일치하는 것을 고르세요.

① They are __________ __________ with each other.

② They are __________ __________ __________.

③ They are __________ __________ __________.

④ They are __________ __________.

shake hands with ~와 악수하다 wash the dishes 설거지하다 jump rope 줄넘기하다

03 다음을 듣고, 그림과 일치하는 것을 고르세요.

① There are __________ apples __________ the box.

② There are __________ apples __________ the box.

③ There are __________ apples __________ the box.

④ There are __________ apples __________ the box.

04 다음을 듣고, 그림과 일치하는 것을 고르세요.

① The son is __________ __________ the window.

② The daughter is __________ __________ her socks.

③ The father is __________ __________ the radio.

④ The mother is __________ the carpet.

put on ~을 신다[입다] socks 양말
vacuum 진공청소기로 청소하다

05 다음을 듣고, 가장 알맞은 응답을 고르세요.

Please __________ __________ __________!

luck 행운

06 대화를 듣고, 대화 내용과 일치하지 않는 것을 고르세요.

M __________ do you __________?

W I want some coffee, but I don't have __________ __________.

M No problem. I'll buy __________ __________ and you buy __________ __________ __________.

W Sounds good.

enough 충분한

07 대화를 듣고, 지금까지 남자가 여자를 기다린 시간을 고르세요.

M Hello. It's Billy. Where are you?

W I'm sorry. I ________ this morning. I'm ________ ________ ________.

M It's nine forty now. I've been waiting here ________ ________.

W I will be there soon.

oversleep 늦잠 자다 **since** ~부터[이후]

08 다음을 듣고, 하와이의 내일 날씨로 알맞은 것을 고르세요.

Good evening. This is Chris from the weather channel. Today, it was ________ in New York and ________ in Hawaii. However, tomorrow's weather ________ ________. New Yorkers are going to need to ________ ________ when they go out. After the storm, it will be ________ and ________ in Hawaii.

stormy 폭풍우가 몰아치는

09 다음을 듣고, this가 가리키는 것이 무엇인지 고르세요.

I live in Seoul, Korea and my ________ lives in Canada. This summer, I ________ ________ ________ ________ my uncle. I ________ ________ ________ ________. I am going to take this to Canada for the first time. I am so excited.

uncle 삼촌 **abroad** 해외에

10 대화를 듣고, 남자의 심정으로 알맞은 것을 고르세요.

M Hello?

W Hi, Liam. It's me.

M ________ ________ ________ ________?

W It's ________ ________ in the morning.

M Don't you think it's ________ ________ ________ ________?

11 대화를 듣고, 여자가 있는 장소로 가장 알맞은 곳을 고르세요.

M ________ ________ ________ in there yet?

W Give me ________ ________. I'm almost finished. But there is ________ ________ ________. Can you get me ________ ________, please?

M Okay, but hurry up. I cannot ________ ________ ________.

W Thanks, Dad.

be done (일이) 끝나다 **yet** 아직 **toilet paper** (화장실용) 휴지 **hold** 참다, 견디다

12 대화를 듣고, 여자의 증상으로 언급되지 않은 것을 고르세요.

M What's the __________?

W I have a __________.

M Do you have a __________?

W No, I don't. But I have a __________, a __________, and a __________ __________.

have a cold 감기에 걸리다 **cough** 기침 **runny nose** 콧물

13 다음을 듣고, 두 사람의 대화가 어색한 것을 고르세요.

① W __________ __________ __________ __________, Ken?

M I am doing my homework.

② M May I help you __________ __________ __________?

W No, thanks. I can handle it.

③ W Can I __________ the __________ ice cream?

M Sure.

④ M Thanks for your help.

W It's __________ __________.

baggage 짐, 수하물 **handle** 처리하다, 다루다 **pleasure** 기쁨

14 대화를 듣고, 여자가 추천하는 공부 방법으로 알맞은 것을 고르세요.

W Steve, why __________ __________ __________?

M Mrs. Taylor, as you know, I __________ __________ __________. How can I study English __________?

W Well, you should __________ __________ and __________ them many times.

M Thanks. I will __________ __________ __________ before the next exam.

long face 우울한 얼굴 **blow** 실패하다, (기회를) 놓치다 **effectively** 효과적으로 **take notes** 필기하다 **review** 복습하다 **suggestion** 제안

15 대화를 듣고, 남자의 마지막 말에 이어질 여자의 말로 알맞은 것을 고르세요.

M May I __________ you __________ __________ __________?

W What do you __________ __________ __________ __________?

M Could you __________ __________ your English notes?

W Sure.

favor 부탁 **lend** 빌려주다

정답 및 해석 p. 37

A 다음을 듣고, 어휘와 우리말 뜻을 쓰세요.

1. ______ ______
2. ______ ______
3. ______ ______
4. ______ ______
5. ______ ______
6. ______ ______
7. ______ ______
8. ______ ______
9. ______ ______
10. ______ ______

B 우리말을 참고하여 빈칸에 알맞은 단어를 쓰세요.

1. May I ______ you for a(n) ______?
   네게 부탁 하나 해도 될까?
2. Please ______ ______ ______!
   내게 행운을 빌어 줘!
3. Do you ______ ______ ______?
   열이 있습니까?
4. The mother is ______ ______ ______.
   어머니는 카펫을 진공청소기로 청소하고 있다.
5. Emma ______ ______ ______ to the elderly lady.
   Emma는 노부인에게 자신의 자리를 양보했다.
6. They are ______ ______ with each other.
   그들은 서로 악수를 하고 있다.
7. I will ______ ______ ______ before the next exam.
   다음 시험 전에는 당신의 제안을 따를게요.

TEST 10

MY SCORE
_______ / 15

01 다음을 듣고, 빈칸에 알맞은 것을 고르세요.

Steve ______________ TV.

① is watching
② has watched
③ isn't watching
④ hasn't watching

02 다음을 듣고, 그림과 일치하는 것을 고르세요.

① ② ③ ④

03 다음을 듣고, 그림과 일치하는 것을 고르세요.

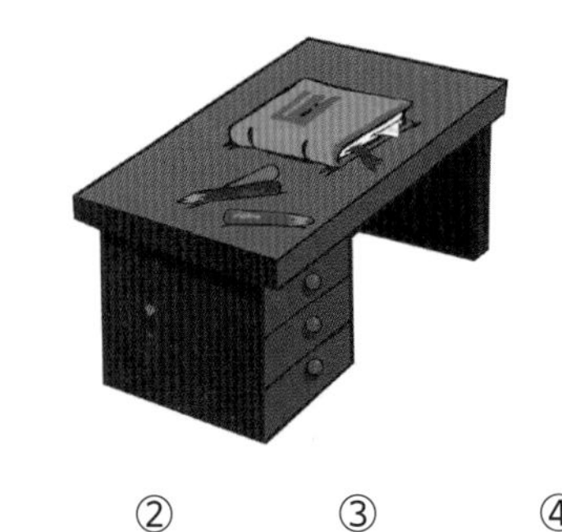

① ② ③ ④

04 다음을 듣고, 그림과 일치하는 것을 고르세요.

① ② ③ ④

05 질문을 듣고, 가장 알맞은 대답을 고르세요.

① Very well.
② I know her, too.
③ Let's watch a movie.
④ They are brother and sister.

06 대화를 듣고, 두 사람이 무엇에 대해 이야기하고 있는지 고르세요.

① 침대
② 숙박
③ 점원
④ 비싼 요금

07 대화를 듣고, 여자가 전화를 다시 할 시각을 고르세요.

① 11시
② 11시 12분
③ 11시 20분
④ 12시

08 다음을 듣고, 주간의 날씨로 틀린 것을 고르세요.

① 월요일은 화창함, 최고 28℃
② 목요일은 흐림, 최고 21℃
③ 주말은 가랑비가 내리다 멈춤
④ 주말은 최고 18℃, 최저 14℃

09 다음을 듣고, this가 가리키는 것이 무엇인지 고르세요.

① key
② book
③ umbrella
④ smartphone

10 대화를 듣고, 남자의 심정으로 알맞은 것을 고르세요.

① 기쁨
② 걱정
③ 아쉬움
④ 부러움

11 대화를 듣고, 남자가 있는 장소로 가장 알맞은 곳을 고르세요.

① kitchen
② bedroom
③ bathroom
④ classroom

12 대화를 듣고, 대화 내용과 일치하는 것을 고르세요.

① Tom은 오늘 일찍 일어났다.
② Tom은 오늘 학교에 지각했다.
③ Tom은 보통 버스를 타고 학교에 간다.
④ Tom은 오늘 자전거를 타고 학교에 갔다.

13 다음을 듣고, 두 사람의 대화가 자연스러운 것을 고르세요.

① ② ③ ④

14 대화를 듣고, 남자가 자신에 대해 언급하지 않은 것을 고르세요.

① 나이
② 취미
③ 출신지
④ 희망사항

15 대화를 듣고, 남자의 마지막 말에 이어질 여자의 말로 알맞은 것을 고르세요.

① Classical music is boring.
② Amanda Evans is my favorite singer.
③ R&B music is very popular in England.
④ There are lots of good singers in Korea.

01 다음을 듣고, 빈칸에 알맞은 것을 고르세요.

Steve ________ ________ TV.

02 다음을 듣고, 그림과 일치하는 것을 고르세요.

① The woman is ________ ________ socks.

② The woman is ________ shoes.

③ The woman is ________ ________ the shoes.

④ The woman is ________ the shopping bag.

try on (신발·옷 등을) 신어[입어] 보다

03 다음을 듣고, 그림과 일치하는 것을 고르세요.

① There are ________ ________ and ________ on the desk.

② There are ________ ________ and ________ ________ on the bed.

③ There are ________ ________ and ________ on the desk.

④ There are ________ and ________ ________ on the bed.

04 다음을 듣고, 그림과 일치하는 것을 고르세요.

① People are ________ ________ ________ by airplane.

② People are ________ ________ ________ ________ by bus.

③ People are ________ ________ ________.

④ People are ________ ________ at the sky.

take a trip 여행하다

05 질문을 듣고, 가장 알맞은 대답을 고르세요.

Do you ________ ________ ________?

06 대화를 듣고, 두 사람이 무엇에 대해 이야기하고 있는지 고르세요.

M How may I help you?

W We ________ ________ ________ a new bed.

M Do you want a ________ ________ or a ________ ________?

W A hard one, please, but not too ________.

soft 푹신한, 부드러운 **expensive** 비싼

07 대화를 듣고, 여자가 전화를 다시 할 시각을 고르세요.

W Hello. May I ________ ________ Mark?

M I'm sorry. He's not here ________ ________ ________. Can you call again ________ ________ ________?

W Sure. It is 11 o'clock now. I will ________ ________ ________ soon.

at the moment 지금 **call back** 다시 전화하다

08 다음을 듣고, 주간의 날씨로 틀린 것을 고르세요.

Now for this week's weather forecast. On Monday and Tuesday, we expect ________ ________ with a high of ________℃. From Wednesday through Friday, the weather will be ________ with a high of ________℃. It will ________ for most of the weekend with a high of ________℃ and a low of ________℃.

expect 예상하다, 기대하다

09 다음을 듣고, this가 가리키는 것이 무엇인지 고르세요.

It is ________ ________ ________ now. But this morning, it ________ ________ ________ ________, so I didn't take this to school.

at all 전혀

10 대화를 듣고, 남자의 심정으로 알맞은 것을 고르세요.

M Caitlin, are you going to ________ ________ ________ at the community center this ________ ________?

W I don't think so. I am going to ________ ________ ________, and she lives in Washington.

M Oh, I ________ ________ ________ at swimming class? That's too bad.

community center 복지관, 지역 문화 센터 **aunt** 이모, 고모

11 대화를 듣고, 남자가 있는 장소로 가장 알맞은 곳을 고르세요.

W Wake up! It's ________ ________ ________ to school.

M But I'm ________ ________.

W It's ________ 6:30 a.m. The next time, you should ________ ________ ________ ________.

M Okay. I'm ________ ________ now.

W I'll be in the kitchen. Come down and ________ ________.

wake up 일어나다 **still** 아직도, 여전히 **sleepy** 졸린 **breakfast** 아침 식사

DICTATION 10

12 대화를 듣고, 대화 내용과 일치하는 것을 고르세요.

W ______ ______ ______
______ to school, Tom?

M I usually go to school ______
______, but I went to school
______ ______ today.

W Why?

M I ______ ______ ______
this morning.

●●
on foot 걸어서, 도보로

13 다음을 듣고, 두 사람의 대화가 자연스러운 것을 고르세요.

① M May I pay by credit card?
W Sorry, but we only ______
______.

② W ______ ______ was your new backpack?
M My backpack is really old.

③ M Why did Kimberly not come to school?
W She has too much ______
______ ______.

④ W ______ did you ______
______ us?
M I waited there for 45 minutes.

●●
pay 지불하다 **accept** 받아들이다

14 대화를 듣고, 남자가 자신에 대해 언급하지 않은 것을 고르세요.

W Good morning, class. We have a
______ ______ today. William,
would you ______ ______ to
your classmates?

M Hi, I am William Bond. It's nice to meet
you. I am ______ Boston. It's a
wonderful ______ ______
______. I'm ______ years old.
I am a baseball player. I am going to
______ ______ this school. I
hope I can ______ ______ with
you soon.

W Thank you, William. Please ______
______ ______.

●●
introduce 소개하다 **classmate** 반 친구
take a seat 자리에 앉다

15 대화를 듣고, 남자의 마지막 말에 이어질 여자의 말로 알맞은 것을 고르세요.

M ______ ______ ______
music do you like best?

W I like ______ ______.

M ______ your ______ singer?

W Amanda Evans is my favorite singer.

정답 및 해석 p. 41

A 다음을 듣고, 어휘와 우리말 뜻을 쓰세요.

1. ______ ______
2. ______ ______
3. ______ ______
4. ______ ______
5. ______ ______
6. ______ ______
7. ______ ______
8. ______ ______
9. ______ ______
10. ______ ______

B 우리말을 참고하여 빈칸에 알맞은 단어를 쓰세요.

1. People are ______ ______ ______.
   사람들이 걸어서 일터에 가고 있다.
2. I will ______ ______ ______ soon.
   제가 곧 그에게 다시 전화하겠습니다.
3. The woman is ______ ______ the shoes.
   여자는 신발을 신어보고 있다.
4. It's ______ ______ ______ to school.
   학교에 갈 시간이야.
5. ______ ______ ______ your new backpack?
   네 새 배낭은 얼마였니?
6. ______ ______ ______ ______ do you like best?
   너는 어떤 종류의 음악을 가장 좋아하니?
7. The next time, you should ______ ______ ______
   ______. 다음번에는 더 일찍 잠자리에 들어야 해.

TEST 11

MY SCORE
_______ / 15

01 다음을 듣고, 빈칸에 알맞은 것을 고르세요.

_______________ like a cup of tea?

① Do you
② Will you
③ Would he
④ Would you

02 다음을 듣고, 그림과 일치하는 것을 고르세요.

① ② ③ ④

03 다음을 듣고, 그림과 일치하는 것을 고르세요.

① ② ③ ④

04 다음을 듣고, 그림의 상황에 알맞은 대화를 고르세요.

① ② ③ ④

05 질문을 듣고, 가장 알맞은 대답을 고르세요.

① No, I don't.
② I can do it myself.
③ I didn't do my homework.
④ I am waiting for my brother.

06 대화를 듣고, 두 사람이 무엇에 대해 이야기하고 있는지 고르세요.

① hobby
② new dance
③ dance class
④ dance contest

07 대화를 듣고, 두 사람이 만나기로 한 시각을 고르세요.

① 1시 30분
② 2시
③ 3시
④ 3시 30분

08 대화를 듣고, 여자가 일을 그만두려는 이유를 고르세요.

① 보수
② 복학
③ 휴가
④ 이직

09 다음을 듣고, this가 가리키는 것이 무엇인지 고르세요.

① milk
② book
③ newspaper
④ fashion magazine

10 대화를 듣고, 여자에 대해 가장 알맞게 표현한 것을 고르세요.

① lazy
② brave
③ selfish
④ ambitious

11 대화를 듣고, 두 사람이 대화하는 장소로 가장 알맞은 곳을 고르세요.

① hotel
② airport
③ ticket office
④ travel agency

12 다음을 듣고, 남자가 주말에 한 일로 언급되지 않은 것을 고르세요.

① 아빠의 차를 세차했다.
② 엄마를 도와서 밥상을 차리고 설거지를 했다.
③ 화장실을 청소했다.
④ 주말에 친구들과 즐거운 시간을 보냈다.

13 다음을 듣고, 두 사람의 대화가 자연스러운 것을 고르세요.

① ② ③ ④

14 다음을 듣고, 어떤 종류의 글인지 고르세요.

① 광고
② 일기
③ 반성문
④ 초대장

15 대화를 듣고, 여자의 마지막 말에 이어질 남자의 말로 알맞은 것을 고르세요.

① What's wrong?
② That sounds good.
③ Please let me know.
④ I'm happy to meet you.

01 다음을 듣고, 빈칸에 알맞은 것을 고르세요.

__________ __________ __________ a cup of tea?

02 다음을 듣고, 그림과 일치하는 것을 고르세요.

① The man is __________ food.
② The man is __________ the cookies.
③ The man is __________ a hamburger.
④ The man is __________ soup.

taste 맛보다

03 다음을 듣고, 그림과 일치하는 것을 고르세요.

① The girl is __________ __________ __________.
② The girl is __________ __________ __________.
③ The girl is shaking an __________ __________.
④ The girl is touching her __________.

plant 심다 seed 씨앗 blow one's nose 코를 풀다
shake 흔들다 empty 빈, 비어 있는 forehead 이마

04 다음을 듣고, 그림의 상황에 알맞은 대화를 고르세요.

① M May I help you?
W I'm __________ __________. Thanks.

② M Would you like the __________ or the __________?
W I would like the chicken.

③ M Can you __________ my bag __________ __________ __________?
W Sure. No problem.

④ M How would you like your hair?
W I'd like to __________ __________ __________.

for a while 잠시 동안 perm 파마

05 질문을 듣고, 가장 알맞은 대답을 고르세요.

__________ are you __________ here?

06 대화를 듣고, 두 사람이 무엇에 대해 이야기하고 있는지 고르세요.

W Why don't we take a __________ __________?
M I __________ __________ __________ before.
W You should try __________ __________.
M Maybe you're right. __________ does it __________?

try 시도하다 maybe 아마도

07 대화를 듣고, 두 사람이 만나기로 한 시각을 고르세요.

M Hello, Dr. Lee. This is James Moriarty. May I __________ __________ __________ __________ today?

W Sure. I'll __________ __________ between two and three. I'd like to meet you then.

M I'm sorry. I am a bit __________ __________. How about __________ __________?

W That's great. I'll __________ __________ __________.

●●
stop by 잠시 들르다 **free** 한가한 **far away** 멀리 떨어져

08 대화를 듣고, 여자가 일을 그만두려는 이유를 고르세요.

W Mr. Miller. I'm sorry to tell you that I have to __________ __________ __________.

M I don't understand why. Is it because of the __________ or some other __________?

W No, that's not it at all. I have to __________ __________ __________ __________.

M Well, if __________ __________ __________, then I wish you luck.

●●
quit 그만두다 **understand** 이해하다 **reason** 이유
if that's the case 그렇다면

09 다음을 듣고, this가 가리키는 것이 무엇인지 고르세요.

My mother said that I would be __________ if I read this every day. My parents read this every morning. This has many __________ __________. This __________ __________ our door every morning. But I can also read this __________.

●●
arrive 도착하다 **online** 온라인[인터넷]상에서

10 대화를 듣고, 여자에 대해 가장 알맞게 표현한 것을 고르세요.

M What do you __________ __________ __________ when you __________ __________?

W I want to be __________ __________ of this country.

M Wow, you have a very big goal.

W Yes, I want to help everyone __________ __________ __________.

●●
grow up 크다, 자라다 **president** 대통령 **goal** 목표

11 대화를 듣고, 두 사람이 대화하는 장소로 가장 알맞은 곳을 고르세요.

M May I see your __________ and __________ __________, please?

W __________ __________ __________.

M How long are you __________ __________ __________ in the States?

W About 10 days.

●●
return ticket 왕복표 **the States** 미국

DICTATION 11

12 다음을 듣고, 남자가 주말에 한 일로 언급되지 않은 것을 고르세요.

Over the weekend, I __________
__________ __________ __________
__________ at home with my parents. I washed my father's car. I helped my mom __________ __________ __________ and washed the __________. I also cleaned my room and the __________. It was __________, but I __________ __________ __________ __________ with my family.

spend 쓰다, 소비하다 **set the table** 상을 차리다
tiring 피곤하게 만드는

13 다음을 듣고, 두 사람의 대화가 자연스러운 것을 고르세요.

① M Would you care for __________ __________ __________?
W I don't care about anything.

② W I am __________. Why don't we __________ __________?
M That sound good to me.

③ M __________ do you __________ __________ my idea?
W I hope you like my idea.

④ W I want to __________ you __________ __________.
M Dinner is ready.

care for ~을 원하다, 좋아하다 **care about** ~에 신경쓰다
invite 초대하다

14 다음을 듣고, 어떤 종류의 글인지 고르세요.

Hello, Peter! Tomorrow is my __________. Come to __________ __________ at two o'clock. __________ __________ tomorrow!

15 대화를 듣고, 여자의 마지막 말에 이어질 남자의 말로 알맞은 것을 고르세요.

W Do you want to __________ __________ tomorrow?
M No, I don't. The weather __________ __________ __________ tomorrow.
W What do you think about __________ __________ __________ __________?
M That sounds good.

go fishing 낚시하러 가다 **go to the movies** 영화 보러 가다

REVIEW TEST

정답 및 해석 p. 45

A 다음을 듣고, 어휘와 우리말 뜻을 쓰세요.

❶ ______ ______

❷ ______ ______

❸ ______ ______

❹ ______ ______

❺ ______ ______

❻ ______ ______

❼ ______ ______

❽ ______ ______

❾ ______ ______

❿ ______ ______

B 우리말을 참고하여 빈칸에 알맞은 단어를 쓰세요.

❶ ______ would you like ______ ______?
머리를 어떻게 해드릴까요?

❷ I'll ______ ______ between two and three.
저는 2시에서 3시 사이에 한가할 거예요.

❸ The girl is ______ ______ ______.
여자아이는 코를 풀고 있다.

❹ You should ______ ______ ______.
넌 새로운 걸 시도해 봐야 해.

❺ ______ ______ ______ take a dance class?
우리 춤 수업을 듣는 건 어때?

❻ May I ______ ______ ______ ______ today?
제가 오늘 당신의 사무실에 잠시 들러도 될까요?

❼ I helped my mom ______ ______ ______ and washed the dishes. 저는 어머니가 상을 차리시는 것을 도왔고 설거지도 했습니다.

TEST 12

MY SCORE
_____ / 15

01 다음을 듣고, 빈칸에 알맞은 것을 고르세요.

My family lives on the _______________ in this building.

① seven floors
② seventh floor
③ seven flowers
④ seventh flower

02 다음을 듣고, 그림과 일치하는 것을 고르세요.

① ② ③ ④

03 다음을 듣고, 그림과 일치하는 것을 고르세요.

① ② ③ ④

04 다음을 듣고, 그림의 상황에 알맞은 대화를 고르세요.

① ② ③ ④

05 질문을 듣고, 가장 알맞은 대답을 고르세요.

① Three o'clock.
② Please be patient.
③ Three people are in line.
④ Two dollars and fifty cents.

06 대화를 듣고, 두 사람이 무엇에 대해 이야기하고 있는지 고르세요.

① 저축
② 생일 선물
③ 주말 계획
④ 장난감 구입

07 대화를 듣고, 두 사람이 남대문 시장에 가기로 한 시각을 고르세요.

① 10 a.m.
② 11 a.m.
③ 12 p.m.
④ 1 p.m.

08 다음을 듣고, 공연이 늦게 시작하는 이유를 고르세요.

① 조명에 문제가 있어서
② 음향기기에 문제가 있어서
③ 입장하지 못한 관객이 많아서
④ 배우들이 아직 준비가 덜 돼서

09 다음을 듣고, 마지막 질문에 대한 알맞은 답을 고르세요.

① baby
② child
③ adult
④ mother

10 대화를 듣고, 남자의 심정으로 알맞은 것을 고르세요.

① angry
② jealous
③ regretful
④ surprised

11 대화를 듣고, 두 사람이 대화하는 장소로 가장 알맞은 곳을 고르세요.

① 식당
② 약국
③ 옷가게
④ 식료품점

12 다음을 듣고, 내용과 일치하지 <u>않는</u> 것을 고르세요.

① Amy는 플루트를 연주하는 것을 좋아한다.
② Amy는 주로 방과 후에 플루트를 연주한다.
③ Amy는 이번 주에 중간고사가 있다.
④ Amy는 오늘 플루트 연습을 할 것이다.

13 다음을 듣고, 두 사람의 대화가 <u>어색한</u> 것을 고르세요.

① ② ③ ④

14 대화를 듣고, 대화가 끝난 후 여자가 할 일로 알맞은 것을 고르세요.

① 열을 잰다.
② 약을 산다.
③ 집에서 쉰다.
④ 병원에 간다.

15 대화를 듣고, 여자의 마지막 말에 이어질 남자의 말로 알맞은 것을 고르세요.

① No, I can't.
② Yes, I'll take it.
③ Okay. Let me see.
④ Yes. It doesn't work.

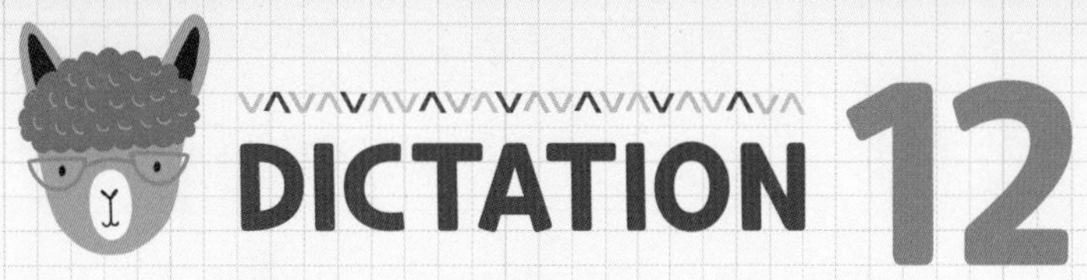

01 다음을 듣고, 빈칸에 알맞은 것을 고르세요.

My family lives on the __________ __________ in this __________.

floor (건물의) 층

02 다음을 듣고, 그림과 일치하는 것을 고르세요.

① Bob is __________ __________ __________.

② Bob is __________ __________ __________.

③ Bob is __________ __________ his toys.

④ Bob is __________ __________ __________ on the notebook.

put away 치우다

03 다음을 듣고, 그림과 일치하는 것을 고르세요.

① Tom eats breakfast at __________ __________.

② Linda eats lunch at __________ __________.

③ Tom eats breakfast at __________ __________.

④ Linda eats lunch at __________ __________.

04 다음을 듣고, 그림의 상황에 알맞은 대화를 고르세요.

① M __________ __________ __________ my backpack?
W It's under your bed.

② M __________ did he __________ for his __________?
W A hamburger and a Coke.

③ M Could you __________ __________ __________ __________?
W Here you go.

④ M Would you like another sandwich?
W No, thanks. I'm __________ __________ __________.

backpack 배낭, 책가방 pass 건네주다 pepper 후추
on a diet 다이어트 중인

05 질문을 듣고, 가장 알맞은 대답을 고르세요.

How much is the __________ __________?

fare 요금

06 대화를 듣고, 두 사람이 무엇에 대해 이야기하고 있는지 고르세요.

M Mom, I really like this toy car. Can you __________ __________ __________ __________?
W You __________ __________ many toys at home.
M But I don't have this nice car.
W I am sorry, sweetheart. __________ __________.

07 대화를 듣고, 두 사람이 남대문 시장에 가기로 한 시각을 고르세요.

W What do you ___________ ___________ ___________ in Korea?

M I'm not sure. This is ___________ ___________ ___________ visiting here.

W Let's go to Namdaemun Market. It's a ___________ ___________.

M That sounds good. It is now 10 a.m. ___________ ___________ do you want to go?

W How about ___________ ___________?

M Sure.

noon 정오, 낮 12시

08 다음을 듣고, 공연이 늦게 시작하는 이유를 고르세요.

Welcome to tonight's musical show, *Mamma Mia*. We are ___________ ___________ ___________ that there will be a ___________ ___________. There is a problem with the ___________ ___________. We are trying to ___________ ___________ ___________. It should take about 15 minutes. Thanks for your ___________.

announce 알리다, 발표하다 **delay** 지연, 지체
sound equipment 음향기기 **solve** 해결하다
take (시간이) 걸리다 **understanding** 이해, 양해

09 다음을 듣고, 마지막 질문에 대한 알맞은 답을 고르세요.

I was ___________ ___________, and I am learning to ___________ and ___________. I'm not an ___________ ___________ or even a ___________. Who am I?

adult 성인 **child** 아이

10 대화를 듣고, 남자의 심정으로 알맞은 것을 고르세요.

M ___________ ___________ do you watch television every day?

W I only watch it ___________ ___________ ___________.

M Four hours! That's a long time.

W Not really. I ___________ ___________ ___________ it for six hours.

11 대화를 듣고, 두 사람이 대화하는 장소로 가장 알맞은 곳을 고르세요.

W How may I help you, sir?

M I need some ___________ for my ___________.

W ___________ ___________ ___________ allergies do you have?

M I have ___________ allergies.

medicine 약 **allergy** 알레르기 **seasonal** 계절의

DICTATION 12

12 다음을 듣고, 내용과 일치하지 않는 것을 고르세요.

Amy really loves to ________ ________ ________. She usually plays it in the afternoon after school. However, this week is ________. She has a ________ ________ this week, so she must ________ ________ ________. She doesn't have ________ ________ ________ ________ the flute today.

●● **midterm exam** 중간고사 **prepare** 준비하다

13 다음을 듣고, 두 사람의 대화가 어색한 것을 고르세요.

① W ________ ________ ________ if I sat here?
M Okay. I'll do that for you.

② M Who do you mean?
W I mean the girl ________ ________ ________ ________.

③ W ________ ________ ________ science-fiction movie?
M No, I don't. But Tom likes them.

④ M I don't like this color. Please show me another one.
W How about this one? It ________ ________ ________ ________.

●● **Would you mind if ~?** ~해도 될까요? **science-fiction movie** 공상과학 영화 **look good on** ~에게 잘 어울리다

14 대화를 듣고, 대화가 끝난 후 여자가 할 일로 알맞은 것을 고르세요.

M ________ are you ________, Cindy?
W I'm going to the ________.
M Are you ________?
W No, my younger brother ________ ________ ________.

●● **pharmacy** 약국

15 대화를 듣고, 여자의 마지막 말에 이어질 남자의 말로 알맞은 것을 고르세요.

W Can I help you?
M Yes. I'd like to ________ ________ ________.
W Is there ________ ________ with it?
M Yes. It doesn't work.

●● **return** 반품하다

정답 및 해석 p. 49

A 다음을 듣고, 어휘와 우리말 뜻을 쓰세요.

1. ______ ______
2. ______ ______
3. ______ ______
4. ______ ______
5. ______ ______
6. ______ ______
7. ______ ______
8. ______ ______
9. ______ ______
10. ______ ______

B 우리말을 참고하여 빈칸에 알맞은 단어를 쓰세요.

1. Would you like ______ ______?
   샌드위치 하나 더 드시겠어요?
2. I'm ______ ______ ______.
   전 다이어트 중이에요.
3. It should ______ ______ 15 minutes.
   약 15분 정도 걸릴 것입니다.
4. My family lives ______ ______ ______ ______ in this building. 우리 가족은 이 건물의 7층에 산다.
5. I'd like to ______ ______ ______.
   저는 이 프린터를 반품하고 싶어요.
6. Would ______ ______ ______ I sat here?
   괜찮으시다면 제가 여기에 앉아도 될까요?
7. She doesn't have ______ ______ ______ ______ the flute today. 그녀에게는 오늘 플루트를 연주할 시간이 전혀 없습니다.

TEST 13

MY SCORE
_______ / 15

01 다음을 듣고, 빈칸에 알맞은 것을 고르세요.

Her voice was very ___________.

① low
② road
③ loud
④ louder

02 다음을 듣고, 그림과 일치하는 것을 고르세요.

① ② ③ ④

03 다음을 듣고, 그림과 일치하는 것을 고르세요.

① ② ③ ④

04 다음을 듣고, 그림의 상황에 알맞은 대화를 고르세요.

① ② ③ ④

05 질문을 듣고, 가장 알맞은 대답을 고르세요.

① Yes, thanks.
② I feel helpless.
③ I will be there for you.
④ You need to ask for help.

06 대화를 듣고, 두 사람이 무엇에 대해 이야기하고 있는지 고르세요.

① 면접
② 환불
③ 이어폰 고장
④ 영수증 발급

07 대화를 듣고, 컴퓨터 초급반 수업이 시작하는 시각을 고르세요.

① 7 a.m.
② 9 a.m.
③ 7 p.m.
④ 9 p.m.

08 대화를 듣고, 남자가 축구를 좋아하는 이유를 고르세요.

① 경기 기술이 다양해서
② 규칙을 이해하기 쉬워서
③ 팀워크가 중요한 스포츠여서
④ 공만 있으면 어디서든 할 수 있어서

09 다음을 듣고, 마지막 질문에 대한 알맞은 답을 고르세요.

① mother
② daughter
③ grandmother
④ mother-in-law

10 대화를 듣고, 남자의 마지막 말에 대해 여자가 느꼈을 심정으로 알맞은 것을 고르세요.

① 걱정
② 슬픔
③ 아쉬움
④ 안도함

11 대화를 듣고, 두 사람이 대화하는 장소로 가장 알맞은 곳을 고르세요.

① 공원
② 마트
③ 미용실
④ 세탁소

12 다음을 듣고, 내용과 일치하지 않는 것을 고르세요.

① Eric은 여자친구를 위해 깜짝 생일 파티를 준비할 것이다.
② Eric은 여자친구를 오후 6시에 만날 예정이다.
③ Eric은 여자친구를 만나기 전까지 3시간 30분 정도 여유가 있다.
④ Eric은 여자친구를 위해 요리를 하려 한다.

13 다음을 듣고, 두 사람의 대화가 자연스러운 것을 고르세요.

① ② ③ ④

14 대화를 듣고, 남자의 아버지의 직업으로 알맞은 것을 고르세요.

① 의사
② 변호사
③ 사업가
④ 수학 선생님

15 대화를 듣고, 여자의 마지막 말에 이어질 남자의 말로 알맞은 것을 고르세요.

① No, thanks.
② I don't think I can do this.
③ Thank you for inviting me.
④ Oh, that's not too difficult.

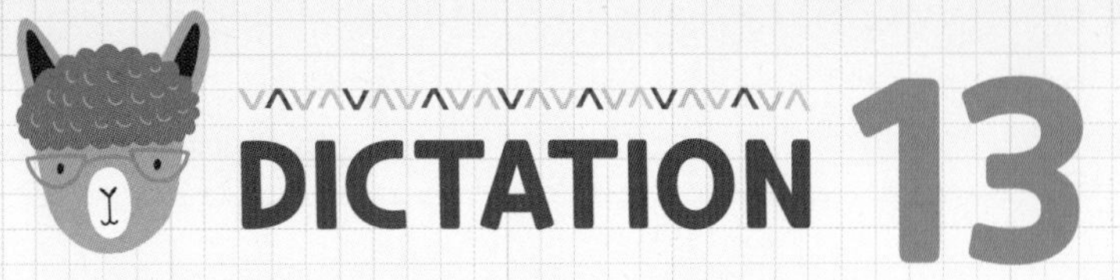

DICTATION 13

01 다음을 듣고, 빈칸에 알맞은 것을 고르세요.

Her ________ was very ________

voice 목소리 loud 큰, 시끄러운

02 다음을 듣고, 그림과 일치하는 것을 고르세요.

① The boy is going to the ________.
② The boy is ________ ________.
③ The boy is holding a ________ ________.
④ The boy is ________ at the pond.

pond 연못 fishing net 어망

03 다음을 듣고, 그림과 일치하는 것을 고르세요.

① The man is standing ________ ________ ________ the shop.
② The man is sitting ________ ________ ________.
③ The woman is ________ ________ ________.
④ The woman is ________ the can into the ________ ________.

ground 땅, 지면 kick 발로 차다 throw 던지다
trash can 쓰레기통

04 다음을 듣고, 그림의 상황에 알맞은 대화를 고르세요.

① W What's wrong?
M I ________ ________ ________.
② W What are you doing?
M I'm ________ my ________.
③ W You look happy today.
M My father ________ a bicycle ________ ________.
④ W Let's go to the gym.
M ________ ________ I can't.

afraid 유감이지만 ~인; 두려워하는

05 질문을 듣고, 가장 알맞은 대답을 고르세요.

Do you ________ ________ ________?

06 대화를 듣고, 두 사람이 무엇에 대해 이야기하고 있는지 고르세요.

M I'd like to ________ ________ ________ on these earphones, but I don't have a ________.
W I'm sorry. If you don't have a receipt, you ________ ________ them.
M But it was just yesterday. That man over there ________ ________ then.
W Okay, ________ ________ ________ to him. Please wait here.

get a refund 환불을 받다 receipt 영수증

07 대화를 듣고, 컴퓨터 초급반 수업이 시작하는 시각을 고르세요.

W Can I help you?

M Yes, thank you. I would like to ________ ________ the beginner computer class. ________ ________ the class ________?

W Well, it is on Tuesday and Thursday ________ 7 p.m. ________ 9 p.m.

M Okay. I'll ________ ________ ________ it.

●●
register for ~에 등록하다 **beginner** 초보자
hold 열다, 개최하다 **sign up for** ~을 신청하다

08 대화를 듣고, 남자가 축구를 좋아하는 이유를 고르세요.

M Did you watch the soccer game yesterday?

W No, I didn't. I'm not that ________ ________ soccer.

M I'm ________ ________ soccer. I'm sure you'll like it when you know more about It.

W Why do you like it?

M Because the rules are ________ ________ ________. It's a sport for ________ to ________.

●●
crazy about ~에 (푹) 빠져 있는 **rule** 규칙

09 다음을 듣고, 마지막 질문에 대한 알맞은 답을 고르세요.

I ________ ________ ________ a man whom I love. He is very kind and ________ ________ ________ me all the time. His mother lives ________ ________ ________, and she is also a ________ ________. What do I call my husband's mother?

●●
get married to ~와 결혼하다 **all the time** 항상

10 대화를 듣고, 남자의 마지막 말에 대해 여자가 느꼈을 심정으로 알맞은 것을 고르세요.

W Can you help me ________ ________ ________?

M Sure, no problem. How about tomorrow?

W Tomorrow will be too ________. I have a test tomorrow. I ________ ________ for the test at all.

M Did you ________ that tomorrow is a ________? Don't worry. I can help you tomorrow.

●●
holiday 휴일

11 대화를 듣고, 두 사람이 대화하는 장소로 가장 알맞은 곳을 고르세요.

W John, long time, ________ ________.

M Nice to see you. Do you live near here?

W Yes, I ________ ________ here yesterday. I came here to buy some ________ ________.

M I see. You can always buy good, cheap ________ and fresh ________ in this place.

●●
laundry detergent 세탁용 세제 **cheap** (값이) 싼
product 제품 **vegetable** 채소

DICTATION 13

12 다음을 듣고, 내용과 일치하지 않는 것을 고르세요.

Eric __________ __________ from work. He wants to have a __________ __________ __________ for his girlfriend. He __________ __________ __________ __________ her at 6:00 p.m. Now it's 3:30 p.m. He wants to __________ __________ for her before he meets her. He hopes he __________ __________ __________ __________ with her.

be supposed to ~하기로 되어 있다

13 다음을 듣고, 두 사람의 대화가 자연스러운 것을 고르세요.

① M Let's go and __________ __________.
W Sounds good. I don't like sports.

② W What do you mean?
M I mean you should __________ __________.

③ M What do you do?
W I'm __________ __________.

④ W Where do you usually drive?
M I usually __________ it to a __________.

basketball 농구 deliver 배달하다

14 대화를 듣고, 남자의 아버지의 직업으로 알맞은 것을 고르세요.

M I __________ your father is a __________.
W __________ __________ __________ that? He's a __________. How about your father?
M He's a __________ __________.

lawyer 변호사 businessman 사업가

15 대화를 듣고, 여자의 마지막 말에 이어질 남자의 말로 알맞은 것을 고르세요.

W You __________ __________ this morning.
M I didn't get __________ __________ last night.
W What did you do?
M I __________ __________ __________ my English paper by this morning.
W __________ __________ __________ some coffee?
M No, thanks.

paper 과제물, 리포트

정답 및 해석 p. 53

A 다음을 듣고, 어휘와 우리말 뜻을 쓰세요.

1 ____________ ____________
6 ____________ ____________
2 ____________ ____________
7 ____________ ____________
3 ____________ ____________
8 ____________ ____________
4 ____________ ____________
9 ____________ ____________
5 ____________ ____________
10 ____________ ____________

B 우리말을 참고하여 빈칸에 알맞은 단어를 쓰세요.

1 I ____________ ____________ it to a store.
저는 보통 그것을 상점에 배달합니다.

2 Eric ____________ ____________ from work.
Eric은 직장에서 집으로 서둘러 왔습니다.

3 You ____________ ____________ this morning.
너 오늘 아침에 피곤해 보인다.

4 I ____________ ____________ ____________ a man whom I love.
저는 제가 사랑하는 남자와 결혼했습니다.

5 I would like to ____________ ____________ the beginner computer class.
저는 컴퓨터 초급반에 등록하고 싶습니다.

6 The boy ____________ ____________ at the ____________.
남자아이는 연못에서 낚시를 하고 있다.

7 He ____________ ____________ ____________ meet her at 6:00 p.m.
그는 그녀를 오후 6시에 만나기로 되어 있습니다.

TEST 14

MY SCORE ______ / 15

01 다음을 듣고, 빈칸에 알맞은 것을 고르세요.

My mother is interested in the ______________.

① word news
② word name
③ world news
④ world name

02 다음을 듣고, 그림과 일치하는 것을 고르세요.

①　②　③　④

03 다음을 듣고, 그림과 일치하는 것을 고르세요.

①　②　③　④

04 다음을 듣고, 그림의 상황에 알맞은 대화를 고르세요.

①　②　③　④

05 질문을 듣고, 가장 알맞은 대답을 고르세요.

① He is my uncle.
② I like your dress.
③ I don't feel like it.
④ Because you ate my cake!

06 대화를 듣고, 여자가 전화를 받지 못한 이유를 고르세요.

① 샤워 중이었다.
② 외출 중이었다.
③ 중요한 일이 있었다.
④ 전화기가 고장 났다.

07 대화를 듣고, 여자가 지불해야 할 금액을 고르세요.

① 14,000 won
② 15,000 won
③ 15,500 won
④ 30,500 won

정답 및 해석 p. 54

08 대화를 듣고, 남자가 불평하는 것이 무엇인지 고르세요.

① 가격
② 위치
③ 소음
④ 서비스

09 다음을 듣고, this가 가리키는 것이 무엇인지 고르세요.

① clock
② watch
③ mirror
④ earring

10 대화를 듣고, 여자의 심정으로 알맞은 것을 고르세요.

① sad
② angry
③ thankful
④ surprised

11 대화를 듣고, 두 사람이 대화하는 장소로 가장 알맞은 곳을 고르세요.

① hotel
② restaurant
③ photo studio
④ movie theater

12 다음을 듣고, 내용과 일치하지 않는 것을 고르세요.

① Sam은 28살이다.
② Sam은 콧수염이 있다.
③ Sam은 얼굴에 여드름이 있다.
④ Sam은 흰 셔츠와 청바지를 입고 있다.

13 다음을 듣고, 두 사람의 대화가 어색한 것을 고르세요.

① ② ③ ④

14 대화를 듣고, 여자의 장래 희망으로 알맞은 것을 고르세요.

① 화가
② 요리사
③ 과학자
④ 피아니스트

15 대화를 듣고, 여자의 마지막 말에 이어질 남자의 말로 알맞은 것을 고르세요.

① That's okay.
② Good. I'll take it.
③ Here's your change.
④ I hope you have fun.

01 다음을 듣고, 빈칸에 알맞은 것을 고르세요.

My mother ________ ________ ________ the world news.

02 다음을 듣고, 그림과 일치하는 것을 고르세요.

① The woman has a ________ ________.

② The woman has a ________ ________.

③ The woman has an ________ ________.

④ The woman has a ________ ________.

●●
wet 젖은 **blanket** 담요 **dirty** 더러운 **basket** 바구니 **pretty** 예쁜

03 다음을 듣고, 그림과 일치하는 것을 고르세요.

① The boy is ________ money to buy a ________.

② The boy is ________ money to buy a ________.

③ The boy is ________ money to buy a ________.

④ The boy is ________ money to his ________.

●●
save (돈을) 모으다, 저축하다 **laptop** 노트북 컴퓨터 **desktop** 데스크톱 컴퓨터

04 다음을 듣고, 그림의 상황에 알맞은 대화를 고르세요.

① W ________ ________ is this ________?
M It's three dollars.

② M The ________ to New York is ________ dollars.
W Thank you. Here you are.

③ W ________ ________ ________ movies do you like?
M I like comedies.

④ W ________ ________ does this mall ________?
M At nine o'clock.

●●
comedies 코미디 영화 **mall** 쇼핑몰

05 질문을 듣고, 가장 알맞은 대답을 고르세요.

________ are you ________?

06 대화를 듣고, 여자가 전화를 받지 못한 이유를 고르세요.

W Did you ________ ________ this morning?
M Yes, but there was ________ ________.
W I'm sorry. I was ________ ________ ________.
M That's okay. It ________ ________.

●●
answer 응답 **important** 중요한

07 대화를 듣고, 여자가 지불해야 할 금액을 고르세요.

W I would like to order half of a fried chicken and a half of a hot and spicy chicken ________ ________ ________ 1.5 liters of Coke.

M Sure. The chicken is ________ won, and the Coke is ________ won. The total is ________ won.

W Wait! There is a combo menu. I want to ________ ________ ________ to the chicken combo set. Is that okay?

M No problem at all. It ________ ________ 15,000 won.

●●
half 반, 절반 **spicy** 양념을 한 **total** 총계, 합계
combo 모둠 요리, 콤보(여러 종류의 음식을 섞어서 제공하는 음식)
come to (비용이) ~이 되다

08 대화를 듣고, 남자가 불평하는 것이 무엇인지 고르세요.

M ________ I ________ ________ the manager, please?

W Yes, I am Joanna Kern. I am the manager. How may I help you?

M I ________ ________ ________ ________ for 30 minutes, and now I see that ________ ________ ________ ________ in my food. I am not ________ with the ________ in this restaurant.

W I am really sorry about that. I'll get you a ________ ________. It will be ________ today.

●●
manager 매니저, 지배인 **be satisfied with** ~에 만족하다
free 무료의

09 다음을 듣고, this가 가리키는 것이 무엇인지 고르세요.

This tells me the ________ and I wear it on my ________. It is not ________ ________ ________ a clock, but it does the ________ ________. What is it?

●●
wrist 손목 **clock** (벽에 걸거나 실내에 두는) 시계

10 대화를 듣고, 여자의 심정으로 알맞은 것을 고르세요.

M I'm sorry. We're ________.

W I have to ________ ________ ________ today. If I don't, I will be ________ ________.

M Okay, but ________ ________ ________.

W Thank you so much.

●●
be in trouble 큰일나다, 곤경에 처하다 **be quick** 빨리 하다

11 대화를 듣고, 두 사람이 대화하는 장소로 가장 알맞은 곳을 고르세요.

M Hi. I'd like ________ ________ to *Frozen*.

W ________ ________ ________?

M For the 7:30 ________, please.

W Here you are. Your tickets are for the ________ ________ from the back. Enjoy the film.

M Thanks.

●●
showing 상영, 상연 **row** 열, 줄 **film** 영화

DICTATION 14

12 다음을 듣고, 내용과 일치하지 않는 것을 고르세요.

Let me briefly ________ ________.
My name is Sam Smith. I am ________ years old. I am tall and have a ________.
I wear ________, and there are no ________ on my face. Now I am wearing a ________ ________ with ________.

●●
briefly 간단히, 짧게 **describe** 설명하다 **moustache** 콧수염
pimple 여드름, 뾰루지 **jeans** 청바지

13 다음을 듣고, 두 사람의 대화가 어색한 것을 고르세요.

① W What do you do, Mr. Jones?
M I'm a ________.

② M ________ is my ________?
W He's under the table.

③ W Do you ________ ________ ________?
M Yes, I do. Her name is Snowy.

④ M ________ does it ________ ________?
W It's a big, round thing.

●●
dentist 치과 의사 **hat** 모자

14 대화를 듣고, 여자의 장래 희망으로 알맞은 것을 고르세요.

W I like ________ ________ ________.
M Oh, good! Do you want to be a ________?
W No, I want to be a ________. I also ________ ________.
M That's great!

●●
chef 요리사

15 대화를 듣고, 여자의 마지막 말에 이어질 남자의 말로 알맞은 것을 고르세요.

M Here you are.
W ________ ________ ________ ________?
M The magazine is ________ dollars. And these books are ________ dollars.
W Good. Here is ________ dollars.
M Here's your change.

●●
change 잔돈, 거스름돈

REVIEW TEST

정답 및 해석 p. 57

A 다음을 듣고, 어휘와 우리말 뜻을 쓰세요.

1. ______ ______
2. ______ ______
3. ______ ______
4. ______ ______
5. ______ ______
6. ______ ______
7. ______ ______
8. ______ ______
9. ______ ______
10. ______ ______

B 우리말을 참고하여 빈칸에 알맞은 단어를 쓰세요.

1. What does it ______ ______?
   그것은 어떻게 생겼어?
2. The woman has a(n) ______ ______.
   여자는 예쁜 인형을 가지고 있다.
3. Your tickets are for the ______ ______ from the back.
   손님의 티켓은 뒤에서 여섯 번째 열입니다.
4. I am ______ ______ ______ the service in this restaurant.
   저는 이 식당의 서비스에 만족하지 못합니다.
5. ______ ______ does this mall ______?
   이 쇼핑몰은 몇 시에 닫나요?
6. The boy is ______ ______ to buy a(n) ______.
   남자아이는 노트북 컴퓨터를 사기 위해 돈을 모으고 있다.
7. I want to ______ ______ ______ to the chicken combo set.
   제 주문을 치킨 콤보 세트로 바꾸고 싶은데요.

TEST 15

MY SCORE ______ / 15

01 다음을 듣고, 빈칸에 알맞은 것을 고르세요.

I am going to buy a pair of ____________ tomorrow.

① glass
② grass
③ glasses
④ grasses

02 다음을 듣고, 그림과 일치하는 것을 고르세요.

① ② ③ ④

03 다음을 듣고, 그림과 일치하는 것을 고르세요.

① ② ③ ④

04 다음을 듣고, 그림의 상황에 알맞은 대화를 고르세요.

① ② ③ ④

05 질문을 듣고, 가장 알맞은 대답을 고르세요.

① I went to the bathroom.
② Can you see the mountain?
③ My mom wants me to be a scientist.
④ Shall we go to the department store this weekend?

06 대화를 듣고, 두 사람이 무엇에 대해 이야기하고 있는지 고르세요.

① 가족 ② 휴가 계획
③ 동물 사랑 ④ 취미 활동

07 다음을 듣고, Sean이 앞으로 갚아야 할 돈이 얼마인지 고르세요.

① 3,000 won ② 7,000 won
③ 10,000 won ④ 17,000 won

08 대화를 듣고, 대화가 끝난 후 남자가 할 일로 알맞은 것을 고르세요.

① 자전거 수리하기
② 자전거 수리점 가기
③ 여자를 자전거에 태워 주기
④ 브레이크 사용법 설명해 주기

09 다음을 듣고, this machine이 가리키는 것이 무엇인지 고르세요.

① stove
② microwave
③ vacuum cleaner
④ washing machine

10 대화를 듣고, 남자의 심정으로 알맞은 것을 고르세요.

① upset
② bored
③ happy
④ thankful

11 대화를 듣고, 두 사람이 대화하는 장소로 가장 알맞은 곳을 고르세요.

① taxi
② office
③ subway
④ restaurant

12 대화를 듣고, 대화 내용과 일치하는 것을 고르세요.

① 여자는 피곤해 보인다.
② 남자는 춥고 지쳐 있다.
③ 남자는 2시간 동안 농구 연습을 했다.
④ 여자는 씻은 후 저녁을 준비할 것이다.

13 다음을 듣고, 두 사람의 대화가 어색한 것을 고르세요.

① ② ③ ④

14 대화를 듣고, 남자의 생일이 언제인지 고르세요.

① 6월 4일
② 6월 5일
③ 7월 4일
④ 7월 5일

15 대화를 듣고, 여자의 마지막 말에 이어질 남자의 말로 알맞은 것을 고르세요.

① It's only 6:30.
② See you then.
③ It's open until six.
④ Sorry, we're closed

01 다음을 듣고, 빈칸에 알맞은 것을 고르세요.

I am going to buy ________ ________ ________ glasses tomorrow.

pair (두 개로 된) 한 쌍, 한 벌, 한 개

02 다음을 듣고, 그림과 일치하는 것을 고르세요.

① Jenny is ________ a comic books.
② Jenny is ________ ________ her ________.
③ Jenny is ________ on the ________.
④ Jenny is ________ and ________.

comic book 만화책 diary 일기

03 다음을 듣고, 그림과 일치하는 것을 고르세요.

① My dream is to become a ________.
② My dream is to become a ________.
③ My dream is to become an ________.
④ My dream is to become a ________.

painter 화가 astronaut 우주 비행사 professor 교수

04 다음을 듣고, 그림의 상황에 알맞은 대화를 고르세요.

① W ________ ________, Paul. We'll be ________ ________ the concert.
M Okay. I'm almost finished.

② W How can I help you?
M Can I ________ ________ ________?

③ W Would you like to order now?
M Not yet. I'm ________ ________.

④ W Why don't we ________ ________ ________ ________?
M That's a good idea.

exchange 교환하다 sweater 스웨터
expect 예상하다, 기다리다

05 질문을 듣고, 가장 알맞은 대답을 고르세요.

________ do you want to ________ this ________?

06 대화를 듣고, 두 사람이 무엇에 대해 이야기하고 있는지 고르세요.

M I have a two-week vacation. I don't know ________ ________ ________.
W Why don't you ________ ________ ________ ________ with your family?
M That sounds great. Have you ever ________ your family ________?
W We go every year. The ________ love it.

zoo 동물원

07 다음을 듣고, Sean이 앞으로 갚아야 할 돈이 얼마인지 고르세요.

My friend Sean __________ 10,000 won from me last weekend. This Monday he __________ me 7,000 won. He promised to __________ the rest of my money __________ __________ __________ by tomorrow.

●● **pay** 지불하다, (빌린 돈을) 갚다 **promise** 약속하다 **rest** 나머지 **give back** 돌려주다

08 대화를 듣고, 대화가 끝난 후 남자가 할 일로 알맞은 것을 고르세요.

M __________ __________ with your bike?

W The brakes aren't __________ __________.

M Let me __________ __________ __________.

W Do you think you __________ __________ it?

M I think I can. I'll __________.

●● **brake** 브레이크, 제동 장치 **take a look** 한번 보다

09 다음을 듣고, this machine이 가리키는 것이 무엇인지 고르세요.

Our house is very __________. My mother and I will clean it today. __________ is very __________ for me because I can __________ __________ __________. We can clean the __________ and the __________ with it.

10 대화를 듣고, 남자의 심정으로 알맞은 것을 고르세요.

M Excuse me. I'm __________ __________ __________!

W I'm sorry. I am __________ __________ __________. Can I __________ __________ __________ you?

M That's so rude. I have been waiting to __________ __________ __________ __________ for almost 10 minutes.

W Oh, I am so sorry.

●● **next in line** 다음 차례인 **in a hurry** 바쁜, 서두르는 **go ahead of** 먼저 하다, 앞서 가다 **groceries** 식료품류

11 대화를 듣고, 두 사람이 대화하는 장소로 가장 알맞은 곳을 고르세요.

M Excuse me. Can you __________ your __________, please?

W I'm sorry. I __________.

M I'll take the route with __________ __________, ma'am.

W Thanks. But I'm __________ __________ work. Could you __________ __________ a little more?

●● **route** 길, 경로 **traffic** 차량, 교통량 **speed up** 속도를 높이다

DICTATION 15

12 대화를 듣고, 대화 내용과 일치하는 것을 고르세요.

W You look tired. What's the ________ with you?

M I feel very cold and ________. I am also ________ now.

W Why? Where did you go?

M I ________ ________ with my team members for four hours.

W Take a hot bath. I'll ________ ________ soon.

●●
exhausted 지친, 기진맥진한 **take a bath** 목욕하다

13 다음을 듣고, 두 사람의 대화가 어색한 것을 고르세요.

① M I'm not good at sports.
W ________ ________ ________.

② W ________ does she ________ ________?
M She is short and cute.

③ M Sorry, but where is the library?
W I'm sorry. I am also ________ ________.

④ W What shape is it?
M It's ________ ________ ________.

●●
be good at ~을 잘하다 **neither** ~도 또한 …아니다
shape 모양

14 대화를 듣고, 남자의 생일이 언제인지 고르세요.

M ________ ________ ________ ________ today?

W It's June 4.

M Then ________ is my birthday.

W Oh, really? Happy birthday!

●●
date 날짜

15 대화를 듣고, 여자의 마지막 말에 이어질 남자의 말로 알맞은 것을 고르세요.

W Excuse me. Is this ________ open today?

M Sure. It will open ________ ________ ________.

W ________ does it ________?

M It's open until six.

●●
aquarium 수족관

REVIEW TEST

정답 및 해석 p. 61

A 다음을 듣고, 어휘와 우리말 뜻을 쓰세요.

❶ ______ ______

❷ ______ ______

❸ ______ ______

❹ ______ ______

❺ ______ ______

❻ ______ ______

❼ ______ ______

❽ ______ ______

❾ ______ ______

❿ ______ ______

B 우리말을 참고하여 빈칸에 알맞은 단어를 쓰세요.

❶ The brakes aren't ______ ______.
브레이크가 잘 작동하지 않아.

❷ I'm sorry. I'm also ______ ______.
죄송해요. 저도 이곳이 처음이에요.

❸ Could you ______ ______ a little more?
속도를 조금만 더 높여 주시겠어요?

❹ I'm not ______ ______ sports.
나는 운동을 잘하지 못해.

❺ ______ is ______ ______ today?
오늘이 며칠이니?

❻ Can I ______ ______ ______?
제가 이 스웨터를 교환할 수 있을까요?

❼ I am going to buy ______ ______ ______ ______ tomorrow. 나는 내일 안경 하나를 살 것이다.

TEST 16

MY SCORE
______ / 15

01 다음을 듣고, 빈칸에 알맞은 것을 고르세요.

_______________ going to do there?

① What are you
② When are you
③ What are they
④ Where are you

02 다음을 듣고, 그림과 일치하는 것을 고르세요.

① ② ③ ④

03 다음을 듣고, 그림과 일치하는 것을 고르세요.

① ② ③ ④

04 다음을 듣고, 그림의 상황에 알맞은 대화를 고르세요.

① ② ③ ④

05 질문을 듣고, 가장 알맞은 대답을 고르세요.

① Yes, he does.
② No, they don't.
③ Let's watch TV.
④ Would you like some tea?

06 대화를 듣고, 두 사람이 무엇에 대해 이야기하고 있는지 고르세요.

① 집 사기
② 내년 계획
③ 남자의 이사
④ 여자의 근황

07 대화를 듣고, 남자가 지불해야 할 금액을 고르세요.

① 5,000 won
② 10,000 won
③ 20,000 won
④ 30,000 won

08 대화를 듣고, 대화가 끝난 후 남자가 할 일로 알맞은 것을 고르세요.

① 물건 찾기
② 세면대 점검
③ 화장실 청소
④ 가전 제품 수리

09 다음을 듣고, this가 가리키는 것이 무엇인지 고르세요.

① bus
② taxi
③ plane
④ subway

10 대화를 듣고, 남자의 심정으로 알맞은 것을 고르세요.

① tired
② lonely
③ excited
④ satisfied

11 대화를 듣고, 두 사람이 대화하는 장소로 가장 알맞은 곳을 고르세요.

① hotel
② library
③ bookstore
④ computer store

12 대화를 듣고, 대화 내용과 일치하지 않는 것을 고르세요.

① 여자는 여가 시간에 수영을 하거나 음악을 듣는다.
② 여자는 종종 노래를 따라 부른다.
③ 남자는 여가 시간에 컴퓨터 게임을 하거나 인터넷 서핑을 한다.
④ 여자는 남자가 컴퓨터를 잘하는 이유를 잘 모른다.

13 다음을 듣고, 두 사람의 대화가 어색한 것을 고르세요.

① ② ③ ④

14 대화를 듣고, 남자가 건강을 위해 하는 일로 알맞은 것을 고르세요.

① 비타민을 복용한다.
② 잠을 충분히 잔다.
③ 아침에 한 시간씩 운동한다.
④ 물을 많이 마신다.

15 대화를 듣고, 남자의 마지막 말에 이어질 여자의 말로 알맞은 것을 고르세요.

① Yes, he does.
② No, he has long hair.
③ No, he isn't. He is short.
④ Sure. He likes short hair.

01 다음을 듣고, 빈칸에 알맞은 것을 고르세요.

__________ are you __________ __________
__________ there?

02 다음을 듣고, 그림과 일치하는 것을 고르세요.

① The man is __________ with __________ hair.

② The man is __________ with __________ hair.

③ The man is __________ with __________ hair.

④ The man is __________ with a __________.

●●
fat 뚱뚱한 **thin** 마른 **curly** 곱슬곱슬한 **chubby** 통통한
skinny 비쩍 마른 **ponytail** 말총머리, 하나로 묶은 머리

03 다음을 듣고, 그림과 일치하는 것을 고르세요.

① The __________ is __________ dollars.

② The __________ is __________ dollars.

③ The __________ is __________ dollars.

④ The __________ is __________ dollars.

●●
lamp 램프, 전기스탠드

04 다음을 듣고, 그림의 상황에 알맞은 대화를 고르세요.

① M I got a bad grade in science.
W You'll __________ __________ the next time.

② W You look __________ __________.
M I got a good grade in math.

③ M __________ __________ __________ if I sat here?
W No, go ahead.

④ W What are you doing?
M I'm __________ __________ __________.

05 질문을 듣고, 가장 알맞은 대답을 고르세요.

Does your husband __________ __________?

06 대화를 듣고, 두 사람이 무엇에 대해 이야기하고 있는지 고르세요.

M Are you busy these days?
W Yes, I'm looking for a __________ __________ __________ in Seoul.
M Are you __________ __________ another city?
W Yes, I'm __________ __________ __________ soon.

●●
rent (집·차 등을) 임대하다, 빌리다 **move** 이사하다

07 대화를 듣고, 남자가 지불해야 할 금액을 고르세요.

M A __________ __________ to Cheonan, please.

W That's __________ won, sir.

M Oh, I am sorry. I want to get a __________ __________.

W Okay, then that's __________ the one-way fare.

one-way 편도의 **round-trip** 왕복의 **twice** 두 배의

08 대화를 듣고, 대화가 끝난 후 남자가 할 일로 알맞은 것을 고르세요.

W Honey, if you are not busy, __________ you __________ __________ now?

M Sure. What can I do for you?

W The __________ in the bathroom is __________, but I don't know __________ the __________ __________.

M Okay. Let me __________ __________ __________ __________ __________.

sink 세면대, 싱크대 **leak** (액체 등이) 새다; 새는 곳

09 다음을 듣고, this가 가리키는 것이 무엇인지 고르세요.

This travels fast __________, and many people use it to __________ __________ and __________ __________. What is it?

travel 여행하다, 이동하다 **underground** 지하로

10 대화를 듣고, 남자의 심정으로 알맞은 것을 고르세요.

W Hello.

M Hello, Mary. __________ __________ Daniel. Don't you want to __________ __________ __________ __________ today?

W I already have __________ __________ for today. Sorry.

M That's okay. I just __________ __________ __________ __________ at home alone.

alone 혼자서

11 대화를 듣고, 두 사람이 대화하는 장소로 가장 알맞은 곳을 고르세요.

M Excuse me. Where can I __________ __________ these books?

W Right over there near the __________.

M Thanks a lot. Do you work in this __________?

W No, I work in the __________ __________.

check out (도서관의 책을) 대출하다 **section** (조직의) 부서, 과

DICTATION 16

12 대화를 듣고, 대화 내용과 일치하지 않는 것을 고르세요.

M Anna, what do you usually do ________ ________ ________ ________?

W I often ________ ________ or listen to music and ________ ________. How about you?

M I usually play computer games or ________ ________ ________ and study computer programs.

W ________ ________ you are good with computers.

●●
spare time 여가 시간 **sing along** 노래를 따라 부르다 **surf the internet** 인터넷 서핑을 하다 **no wonder** ~하는 것도 당연하다 **be good with** ~을 잘 쓰다[다루다]

13 다음을 듣고, 두 사람의 대화가 어색한 것을 고르세요.

① W ________ ________ is this?
M I need more than two.

② M I don't like shakes.
W ________ ________ ________.

③ W Is there a bank near here?
M Yes, it's ________ ________ the movie theater.

④ M Where are my keys?
W They are ________ your car.

●●
snake 뱀 **across from** ~의 맞은편에 **inside** ~의 안에

14 대화를 듣고, 남자가 건강을 위해 하는 일로 알맞은 것을 고르세요.

W What do you do to ________ ________?

M I ________ for an hour in the morning. What about you?

W I take ________ and get ________ ________ ________.

●●
stay healthy 건강을 유지하다 **vitamin** 비타민 **plenty of** 많은

15 대화를 듣고, 남자의 마지막 말에 이어질 여자의 말로 알맞은 것을 고르세요.

M Who is David?

W The boy ________ ________ ________.

M Is he ________?

W No, he isn't. He is short.

정답 및 해석 p. 65

A 다음을 듣고, 어휘와 우리말 뜻을 쓰세요.

1. ______ ______
2. ______ ______
3. ______ ______
4. ______ ______
5. ______ ______
6. ______ ______
7. ______ ______
8. ______ ______
9. ______ ______
10. ______ ______

B 우리말을 참고하여 빈칸에 알맞은 단어를 쓰세요.

1. It's ______ ______ the movie theater.
   그곳은 영화관의 맞은편에 있습니다.
2. The man is ______ with ______ hair.
   남자는 말랐고 곱슬머리이다.
3. I ______ have ______ ______ for today.
   나는 오늘 이미 다른 계획들이 있어.
4. Where can I ______ ______ these books?
   이 책들을 어디에서 대출할 수 있나요?
5. I'm ______ ______ ______ soon.
   나는 곧 이사 갈 계획이야.
6. I want to get a(n) ______ ______.
   왕복 승차권으로 한 장 주세요.
7. ______ ______ you are good with computers.
   네가 컴퓨터를 잘 다루는 것도 당연하네.

TEST 17

MY SCORE
_______ / 15

01 다음을 듣고, 빈칸에 알맞은 것을 고르세요.

My friend Daniel came to Korea
______________ ago.

① three month
② three months
③ thirty months
④ thirteen months

02 다음을 듣고, 그림과 일치하는 것을 고르세요.

① ② ③ ④

03 다음을 듣고, 그림과 일치하는 것을 고르세요.

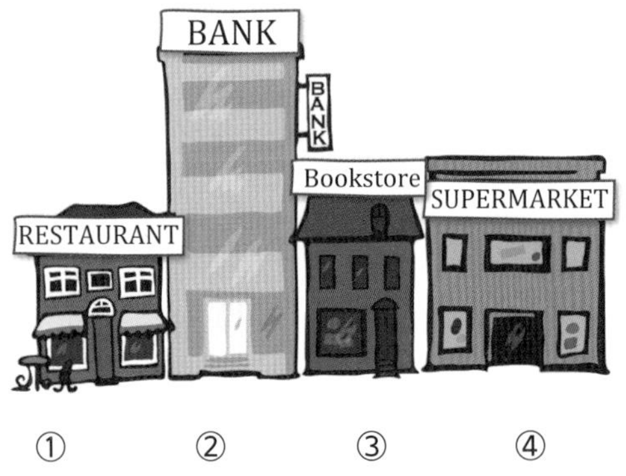

① ② ③ ④

04 다음을 듣고, 그림의 상황에 알맞은 대화를 고르세요.

① ② ③ ④

05 질문을 듣고, 가장 알맞은 대답을 고르세요.

① I stayed at home.
② It rained yesterday.
③ I have lunch at noon.
④ I'm doing my homework.

06 대화를 듣고, 두 사람이 무엇에 대해 이야기하고 있는지 고르세요.

① 나무 심기
② 스트레스 해소법
③ 채소 위주의 식단
④ 집에서 식물 키우기

07 대화를 듣고, 남자가 지불해야 할 금액을 고르세요.

① $5
② $10
③ $20
④ $30

08 다음을 듣고, 금요일의 날씨로 알맞은 것을 고르세요.

① cold
② rainy
③ foggy
④ sunny

09 다음을 듣고, 오늘이 무슨 날인지 고르세요.

① Christmas Day
② Children's Day
③ Valentine's Day
④ New Year's Day

10 대화를 듣고, 여자의 심정으로 알맞은 것을 고르세요.

① worried
② nervous
③ surprised
④ disappointed

11 대화를 듣고, 두 사람이 대화하는 장소로 가장 알맞은 곳을 고르세요.

① bank
② office
③ supermarket
④ police station

12 대화를 듣고, 대화 내용과 일치하지 않는 것을 고르세요.

① 두 사람은 모두 Susan의 생일 파티에 초대 받았다.
② 여자는 Susan에게 기념품을 선물할 것이다.
③ 남자는 Susan에게 향수를 선물할 것이다.
④ 두 사람은 학교 앞에서 6시에 만날 예정이다.

13 다음을 듣고, 두 사람의 대화가 자연스러운 것을 고르세요.

① ② ③ ④

14 대화를 듣고, 남자가 일요일에 할 일로 알맞은 것을 고르세요.

① 숙제하기
② 집에서 TV 보기
③ 조부모님 방문하기
④ 친구들과 영화 보러 가기

15 대화를 듣고, 여자의 마지막 말에 이어질 남자의 말로 알맞은 것을 고르세요.

① Who's calling?
② She's not in now.
③ Can I leave a message?
④ You have the wrong number.

01 다음을 듣고, 빈칸에 알맞은 것을 고르세요.

My friend Daniel came to Korea ________ ________ ________.

02 다음을 듣고, 그림과 일치하는 것을 고르세요.

① The groom is ________ some ________.

② The bride is ________ with the ________.

③ The bride is wearing a ________ ________.

④ The groom is wearing a ________ ________.

groom 신랑 **bride** 신부 **pearl** 진주 **bow tie** 나비 넥타이

03 다음을 듣고, 그림과 일치하는 것을 고르세요.

① The restaurant is ________ ________ the bookstore.

② The bank is ________ ________ the supermarket.

③ The bookstore is ________ ________ ________ the bank.

④ The bank is ________ the restaurant ________ the bookstore.

04 다음을 듣고, 그림의 상황에 알맞은 대화를 고르세요.

① W This is a ________ ________ ________.
M Thank you.

② M What do you want ________ ________ ________?
W I want some flowers.

③ M I can't decide ________ ________ ________ ________.
W Hmm... I like the orange one the best.

④ W May I help you?
M Yes, I ________ ________ ________.

decide 결정하다

05 질문을 듣고, 가장 알맞은 대답을 고르세요.

________ ________ you ________ yesterday?

06 대화를 듣고, 두 사람이 무엇에 대해 이야기하고 있는지 고르세요.

W Wow, you have ________ ________ ________ in your house.

M Yes, I do. The plants ________ ________ ________.

W What a ________ ________! Maybe I'll get one.

M I have an ________ one. Here you go.

relax 긴장을 풀다, 쉬다 **extra** 여분의

07 대화를 듣고, 남자가 지불해야 할 금액을 고르세요.

W Good evening, Mr. Smith. What can I ________ ________ ________ today?

M Hi. I want to ________ ________ ________.

W We just got fresh oranges today. ________ ________ ________. The oranges are ________ dollars ________ ________.

M Oh, it's delicious. I'll ________ ________ oranges, please.

fresh 신선한

08 다음을 듣고, 금요일의 날씨로 알맞은 것을 고르세요.

Good morning. This is Melanie Gibson. Today and tomorrow, we should see ________ ________ and ________ around ________ degrees. Then on Friday, the rain will ________ and ________ over the weekend. We should get ________ ________ ________ millimeters of rain.

temperature 온도, 기온 **degree** (각도·온도계 따위의) 도 **up to** ~까지

09 다음을 듣고, 오늘이 무슨 날인지 고르세요.

I have a boyfriend. Today, I bought some ________ and ________ for him. Many people ________ ________ ________ ________ for their boyfriends and girlfriends ________ ________ ________.

10 대화를 듣고, 여자의 심정으로 알맞은 것을 고르세요.

M Boo!

W Oh, my god! ________ ________ ________!

M I got you.

W That's ________ ________.

boo (사람을 놀라게 할 때 쓰는 표현) 야아! **scare** 놀라게 하다

11 대화를 듣고, 두 사람이 대화하는 장소로 가장 알맞은 곳을 고르세요.

W Good morning, sir. How ________ ________ ________ you today?

M Yes, I would like to ________ ________ ________ with this check, please.

W Would you like a ________ ________ or a ________ ________?

M A savings account, please.

open an account (은행에) 계좌를 개설하다 **check** 수표 **savings account** 저축 예금 **checking account** 당좌 예금

12 대화를 듣고, 대화 내용과 일치하지 <u>않는</u> 것을 고르세요.

W We ______ ______ ______ Susan's birthday party tonight. I got a ______ ______ for her. What are you going to ______ ______?

M I will get some ______ for her. Don't you think she will like it?

W Of course. She will like that. ______ ______ shall we ______?

M Why don't we meet ______ ______ ______ the school at six o'clock?

●●
gift certificate 상품권 **perfume** 향수

13 다음을 듣고, 두 사람의 대화가 자연스러운 것을 고르세요.

① M I want to ______ ______ ______. How about you?
W I would like to bake some cookies.

② W What does it look like?
M It's ______ ______ ______ something.

③ M I have a new girlfriend.
W ______ do you ______?

④ W ______ that boy in the ______ ______?
M I prefer the blue shirt.

●●
pilot 조종사 **prefer** 선호하다, 더 좋아하다

14 대화를 듣고, 남자가 일요일에 할 일로 알맞은 것을 고르세요.

W Where did you go ______ ______?

M I ______ ______ ______ last weekend.

W ______ ______ this weekend?

M I will be busy. On Saturday, I'm going to ______ ______ ______ with my friends. On Sunday, I will ______ ______ ______.

●●
grandparents 조부모님

15 대화를 듣고, 여자의 마지막 말에 이어질 남자의 말로 알맞은 것을 고르세요.

W Hello. Can I ______ ______ Jenny?

M There is no Jenny here.

W Isn't this ______-______?

M <u>You have the wrong number.</u>

정답 및 해석 p. 69

A 다음을 듣고, 어휘와 우리말 뜻을 쓰세요.

1. ______ ______
2. ______ ______
3. ______ ______
4. ______ ______
5. ______ ______
6. ______ ______
7. ______ ______
8. ______ ______
9. ______ ______
10. ______ ______

B 우리말을 참고하여 빈칸에 알맞은 단어를 쓰세요.

1. Try ______ ______.
   한 조각 맛 보세요.
2. The plants ______ me ______.
   식물들은 내가 긴장을 풀도록 도와줘.
3. It's ______ ______ writing something.
   그것은 뭔가를 쓰는 데 사용돼.
4. The bride is ______ a pearl ______.
   신부는 진주 목걸이를 하고 있다.
5. I didn't ______ ______ last weekend.
   지난 주말에는 아무데도 안 갔어.
6. I can't ______ which tie ______ ______.
   어떤 넥타이를 사야 할지 결정을 못 하겠어.
7. I would like to ______ ______ ______ with this check, please. 저는 이 수표로 계좌를 개설하고 싶습니다.

TEST 18

MY SCORE
_____ / 15

01 다음을 듣고, 빈칸에 알맞은 것을 고르세요.

Many soldiers __________ during the war.

① die
② died
③ dead
④ death

02 다음을 듣고, 그림과 일치하는 것을 고르세요.

① ② ③ ④

03 다음을 듣고, 그림과 일치하는 것을 고르세요.

① ② ③ ④

04 다음을 듣고, 그림의 상황에 알맞은 대화를 고르세요.

① ② ③ ④

05 질문을 듣고, 가장 알맞은 대답을 고르세요.

① Good luck!
② I think I did poorly.
③ Did you study a lot?
④ Thank you very much.

06 대화를 듣고, 두 사람이 무엇에 대해 이야기하고 있는지 고르세요.

① 어버이날 선물
② 자전거 관리법
③ 자전거의 종류
④ 여자의 새 자전거

07 대화를 듣고, 도서관의 일요일 문 닫는 시각을 고르세요.

① 7 p.m.
② 5 p.m.
③ 9 p.m.
④ closed all day

08 대화를 듣고, 남자가 옷을 살 때 중요하게 여기는 것이 무엇인지 고르세요.

① 가격
② 스타일
③ 브랜드
④ 사이즈

09 다음을 듣고, this가 가리키는 것이 무엇인지 고르세요.

① map
② notebook
③ dictionary
④ telephone

10 대화를 듣고, 남자에 대한 여자의 태도로 알맞은 것을 고르세요.

① 칭찬함
② 고마워함
③ 빈정거림
④ 과소평가함

11 대화를 듣고, 여자가 살고 있는 곳을 고르세요.

① Brazil
② Mexico
③ Canada
④ America

12 대화를 듣고, 대화 내용과 일치하는 것을 고르세요.

① 남자는 대학생이다.
② 여자는 간호사이다.
③ 남자는 수학을 배운다.
④ 두 사람은 모두 같은 곳에서 일한다.

13 다음을 듣고, 두 사람의 대화가 어색한 것을 고르세요.

① ② ③ ④

14 대화를 듣고, 대화가 끝난 후 두 사람이 할 일로 알맞은 것을 고르세요.

① 은행에 간다.
② 요리를 한다.
③ 도시락을 먹는다.
④ 점심을 사 먹는다.

15 대화를 듣고, 여자의 마지막 말에 이어질 남자의 말로 알맞은 것을 고르세요.

① How kind of you.
② You can't miss it.
③ How lucky you are!
④ Go straight and turn right.

01 다음을 듣고, 빈칸에 알맞은 것을 고르세요.

Many __________ __________ during the __________.

soldier 군인 war 전쟁

02 다음을 듣고, 그림과 일치하는 것을 고르세요.

① The man is jumping __________ __________ __________.

② The man is __________ his hand __________ __________ __________.

③ The man is __________ his __________.

④ The man is __________ his __________.

on the spot 제자리에서 bend 구부리다

03 다음을 듣고, 그림과 일치하는 것을 고르세요.

① The people are __________ __________.

② The boys are __________ __________ __________.

③ The man is __________ __________ __________ __________ the people.

④ The woman is __________ __________ __________.

04 다음을 듣고, 그림의 상황에 알맞은 대화를 고르세요.

① M Your baby is __________ __________.
W Thank you.

② M Jenny is __________ __________ __________ your baby.
W Thank you for telling me.

③ M Your baby is __________.
W She's sick.

④ M Your baby is __________ __________.
W Thank you.

05 질문을 듣고, 가장 알맞은 대답을 고르세요.

__________ __________ your test?

06 대화를 듣고, 두 사람이 무엇에 대해 이야기하고 있는지 고르세요.

M Wow, you __________ a new bicycle!
W Yes, my parents __________ __________ __________ __________. My old one __________ __________ anymore.
M It looks really good.
W Yes, but I have to __________ __________ __________ __________ it.

07 대화를 듣고, 도서관의 일요일 문 닫는 시각을 고르세요.

W This is Kelly from the __________ __________. How may I help you?
M Yes. __________ __________ are you __________?
W We close at 7 p.m. __________ __________ and on Saturdays at 5 in the afternoon. But we are __________ __________ __________. We open at 9 o'clock the next morning.

M I see. You have been a __________ __________. Thanks.

●●
public library 공공[공립] 도서관 **weekday** 평일

08 대화를 듣고, 남자가 옷을 살 때 중요하게 여기는 것이 무엇인지 고르세요.

M Jane, what is __________ __________ to you when you __________ __________?

W To me, __________ is the most important thing. What about you?

M Maybe the __________. Anything __________ and __________ __________ __________ is fine with me.

W Let's go and get some new clothes. I will __________ __________ __________ for your __________.

●●
price 가격 **quality** 질, 품질 **graduation** 졸업

09 다음을 듣고, this가 가리키는 것이 무엇인지 고르세요.

Sometimes when I study English, I don't know the __________ of a __________. I can always __________ __________ __________ in this and find the meaning. What is this?

●●
meaning 의미 **look up** (정보를) 찾아보다

10 대화를 듣고, 남자에 대한 여자의 태도로 알맞은 것을 고르세요.

W This is so __________! I didn't know you were __________ __________ __________ __________.

M I learned __________ __________ __________ when I worked in a __________.

W I can't believe it. This __________ is so __________.

M Thanks. It's my __________ __________ __________.

●●
cook 요리사 **believe** 믿다 **salad** 샐러드 **tasty** 맛있는

11 대화를 듣고, 여자가 살고 있는 곳을 고르세요.

M __________ __________ to the States. How was your __________ __________ to Canada?

W I really enjoyed it, but I am glad to be __________ __________.

M Did you go to __________ __________ __________?

W Yes, I __________ __________ Brazil and Mexico for several days. I'm __________ __________ __________ now.

●●
business trip 출장 **stop in** ~에 잠시 들르다
several 몇몇의

DICTATION 18

12 대화를 듣고, 대화 내용과 일치하는 것을 고르세요.

W ________ do you ________?

M I teach ________ at the ________.
What do you do ________ ________ ________?

W I'm a ________ at Concord Hospital.

mathematics 수학 **university** 대학 **What do you do for a living?** 당신은 어떤 일을 하시나요? **nurse** 간호사

13 다음을 듣고, 두 사람의 대화가 <u>어색한</u> 것을 고르세요.

① M Do you want to come to my birthday party?
W ________ ________ ________ birthday party!

② W Can you help me?
M Yes, ________ ________ ________ ________ for you?

③ M I am so sorry. I am late.
W Be careful ________ ________ ________ ________ the next time.

④ W ________ ________.
M Okay. The food looks great.

be careful not to ~하지 않도록 주의하다
Help yourself. 마음껏 드세요.

14 대화를 듣고, 대화가 끝난 후 두 사람이 할 일로 알맞은 것을 고르세요.

M I'm hungry. Let's ________ ________.

W No, I ________ ________ ________ today.

M Don't worry about it. I'll ________ ________ ________ today.

W Thank you. I'll ________ ________ the next time.

15 대화를 듣고, 여자의 마지막 말에 이어질 남자의 말로 알맞은 것을 고르세요.

W ________ is the ________?

M Go straight and turn right.

W I ________ ________ ________?

M <u>Go straight and turn right.</u>

I beg your pardon? 다시 한번 말씀해 주시겠어요?

정답 및 해석 p. 73

A 다음을 듣고, 어휘와 우리말 뜻을 쓰세요.

1 ______ ______
2 ______ ______
3 ______ ______
4 ______ ______
5 ______ ______
6 ______ ______
7 ______ ______
8 ______ ______
9 ______ ______
10 ______ ______

B 우리말을 참고하여 빈칸에 알맞은 단어를 쓰세요.

1 I ______ your ______?
다시 한번 말씀해 주시겠어요?

2 I'll ______ ______ the next time.
다음에는 내가 너에게 한턱 낼게.

3 I teach ______ at the ______.
저는 대학에서 수학을 가르칩니다.

4 I didn't know you were such a(n) ______ ______.
난 네가 그렇게 훌륭한 요리사인 줄 몰랐어.

5 ______ ______ ______ to be late the next time.
다음에는 늦지 않도록 주의하세요.

6 The man is ______ ______ ______.
남자는 양쪽 무릎을 구부리고 있다.

7 What do you do ______ ______ ______?
당신은 어떤 일을 하시나요?

TEST 19

MY SCORE
_____ / 15

01 다음을 듣고, 빈칸에 알맞은 것을 고르세요.

The library didn't have the book I __________.

① want
② went
③ won't
④ wanted

02 다음을 듣고, 그림과 일치하는 것을 고르세요.

①　②　③　④

03 다음을 듣고, 그림과 일치하는 것을 고르세요.

①　②　③　④

04 다음을 듣고, 그림의 상황에 알맞은 대화를 고르세요.

①　②　③　④

05 질문을 듣고, 가장 알맞은 대답을 고르세요.

① This is my cousin.
② Oh, that's great news.
③ Put it next to the bed.
④ I don't want to buy this lamp.

06 대화를 듣고, 두 사람이 무엇에 대해 이야기하고 있는지 고르세요.

① 친구에게 사과하기
② 시험 결과에 대한 염려
③ 학교 조별 과제 끝내기
④ 새로운 환경에 대한 걱정

07 대화를 듣고, 여자가 지불해야 할 금액을 고르세요.

① $4.50
② $5
③ $5.50
④ $6

08 대화를 듣고, 여자가 남자에게 부탁한 일로 알맞은 것을 고르세요.

① 방 청소하기
② 침대 정돈하기
③ 화분에 물 주기
④ 화장실 청소하기

09 다음을 듣고, 어떤 직업에 대한 설명인지 고르세요.

① 조련사
② 수의사
③ 이발사
④ 애견 미용사

10 대화를 듣고, 여자의 심정으로 알맞은 것을 고르세요.

① sad
② upset
③ excited
④ embarrassed

11 대화를 듣고, 두 사람이 대화하는 장소로 가장 알맞은 곳을 고르세요.

① library
② hospital
③ post office
④ stationery store

12 대화를 듣고, 대화 내용과 일치하는 것을 고르세요.

① 여자는 남자에게 사과하고 있다.
② 남자는 어제 즐거운 시간을 보냈다.
③ 남자는 어제 친구와 자전거를 탔다.
④ 남자는 날씨가 좋지 않아서 친구와의 약속을 취소했다.

13 다음을 듣고, 두 사람의 대화가 어색한 것을 고르세요.

① ② ③ ④

14 다음을 듣고, 남자의 여동생이 일본어를 배우는 이유를 고르세요.

① 일본 여행을 가기 위해
② 일본 영화를 보기 위해
③ 일본 소설책을 읽기 위해
④ 일본인 친구와 대화하기 위해

15 대화를 듣고, 여자의 마지막 말에 이어질 남자의 말로 알맞은 것을 고르세요.

① Yes, she's getting better.
② You know, I agree with you.
③ No, she works at the hospital.
④ I enjoying taking care of my brother.

01 다음을 듣고, 빈칸에 알맞은 것을 고르세요.

The library didn't have ________
________ ________ ________.

02 다음을 듣고, 그림과 일치하는 것을 고르세요.

① The puppy is white, with ________ ________ and ________ ________.

② The puppy is white, with ________ ________ and a ________ ________.

③ The puppy is black, with ________ ________ and ________ ________.

④ The puppy is black, with ________ ________ and a ________ ________.

●●
paw (동물의 발톱 달린) 발 **tail** 꼬리 **chest** 가슴, 흉부

03 다음을 듣고, 그림과 일치하는 것을 고르세요.

① It's a ________ ________ ________.

② It's ________ ________ ________.

③ It's ________-________ past four.

④ It's ________ ________.

04 다음을 듣고, 그림의 상황에 알맞은 대화를 고르세요.

① W Do you have any brothers or sisters?
M No, I'm an ________ ________.

② M I will cook for you.
W That's great. I ________ ________ ________ that.

③ W We should ________ ________ sometime after school.
M Yes, we should!

④ M Oh, no! I gained 10kg.
W Why don't you ________ ________ ________?

●●
only child 외동 **look forward to** ~을 몹시 기대하다
hang out 어울려 놀다, 함께 시간을 보내다 **gain** (체중이) 늘다
work out 운동하다

05 질문을 듣고, 가장 알맞은 대답을 고르세요.

________ should I ________ this ________?

06 대화를 듣고, 두 사람이 무엇에 대해 이야기하고 있는지 고르세요.

M Mom, I don't want to ________ ________.

W I'm ________ you will like the ________ ________.

M But I don't want to ________ ________ ________.

W Don't worry. You can make new friends ________ ________.

M Well, I'm ________ ________ making new friends.

07 대화를 듣고, 여자가 지불해야 할 금액을 고르세요.

W How much is __________ __________ __________ __________?

M It's 4 dollars and 50 cents. If you __________ __________, it's 1 dollar more.

W How much is it to __________ __________ __________?

M I'll add more vegetables __________ __________.

W Oh, thank you. __________ __________ a bowl of noodles __________ chicken and vegetables.

bowl 그릇 **noodle** 국수 **add** 넣다, 추가하다 **for free** 무료로

08 대화를 듣고, 여자가 남자에게 부탁한 일로 알맞은 것을 고르세요.

W Andrew, can you help me __________ __________ __________?

M I'm busy now, but I can do it __________ __________ __________.

W __________ __________. I'll just do it myself.

M Sorry, but I will __________ __________ __________ __________ my room.

09 다음을 듣고, 어떤 직업에 대한 설명인지 고르세요.

They work at __________ __________ and __________ sick animal like puppies and cats. They give __________ and __________ to the animals. They usually wear __________ __________ __________.

treat 치료하다 **puppy** 강아지 **shot** 주사 **coat** 웃옷, 코트

10 대화를 듣고, 여자의 심정으로 알맞은 것을 고르세요.

W __________ __________? My team won the __________ __________!

M __________! You must feel so good right now.

W Yes. I still __________ __________ it.

M I know __________ __________ __________.

final game 결승전

11 대화를 듣고, 두 사람이 대화하는 장소로 가장 알맞은 곳을 고르세요.

M How can I help you?

W I'm looking for some __________ __________. Where can I __________ __________?

M Go to the __________ __________, and you will see them.

W Thank you.

colored pencil 색연필 **second** 두 번째의

12 대화를 듣고, 대화 내용과 일치하는 것을 고르세요.

M I ________ ________ with my friend yesterday.

W Did you ________ ________ ________ ________ with him?

M Not really. It was too ________ and ________ for biking.

W I'm ________ ________ ________ that.

●●
go biking 자전거를 타러 가다

13 다음을 듣고, 두 사람의 대화가 <u>어색한</u> 것을 고르세요.

① M ________ ________ ________ ________ are there?
W There are about ten.

② W Don't ________ ________ in the library!
M I'm sorry. I'll be quiet.

③ M Are you ________ ________ ________?
W Yes, please. I want chicken soup.

④ W ________ your teacher ________?
M No, he isn't. He is very shy.

●●
make noise 시끄럽게 하다 **quiet** 조용한 **shy** 수줍어하는

14 다음을 듣고, 남자의 여동생이 일본어를 배우는 이유를 고르세요.

My younger sister is planning to ________ ________ Japan alone. So she is studying ________ really hard. She wants to make ________ ________ in Japan. I hope she ________ ________ Japanese.

●●
Japanese 일본어 **memory** 추억, 기억
keep -ing 계속해서 ~하다

15 대화를 듣고, 여자의 마지막 말에 이어질 남자의 말로 알맞은 것을 고르세요.

M I'm so ________ ________ ________ ________ my younger brother these days.

W ________ do you ________ ________ take care of him?

M Because my mom's ________ ________ ________.

W That's too bad. Is she okay?

M <u>Yes, she's getting better.</u>

정답 및 해석 p. 77

A 다음을 듣고, 어휘와 우리말 뜻을 쓰세요.

1 ____________ ____________
2 ____________ ____________
3 ____________ ____________
4 ____________ ____________
5 ____________ ____________
6 ____________ ____________
7 ____________ ____________
8 ____________ ____________
9 ____________ ____________
10 ____________ ____________

B 우리말을 참고하여 빈칸에 알맞은 단어를 쓰세요.

1 How much is a(n) ____________ of ____________?
국수 한 그릇에 얼마인가요?

2 My team ____________ the ____________ game!
우리 팀이 결승전에서 우승했어!

3 It's a(n) ____________ ____________ four.
4시 15분 전입니다.

4 Don't ____________ ____________ in the ____________!
도서관에서 시끄럽게 하지 마세요!

5 I'll ____________ more vegetables ____________ ____________.
제가 야채는 무료로 더 넣어드릴게요.

6 She wants to ____________ ____________ ____________ in Japan.
그녀는 일본에서 아름다운 추억들을 만들고 싶어 합니다.

7 They ____________ ____________ and ____________ to the animals.
그들은 그 동물들에게 주사를 놓아주고 약을 줍니다.

TEST 20

MY SCORE

_______ / 15

01 다음을 듣고, 빈칸에 알맞은 것을 고르세요.

Are you going to __________ the proposal?

① access
② accept
③ except
④ expect

02 다음을 듣고, 그림과 일치하는 것을 고르세요.

① ② ③ ④

03 다음을 듣고, 그림과 일치하는 것을 고르세요.

① ② ③ ④

04 다음을 듣고, 그림의 상황에 알맞은 대화를 고르세요.

① ② ③ ④

05 질문을 듣고, 가장 알맞은 대답을 고르세요.

① It's six o'clock now.
② Let's meet at 1 p.m.
③ It's on the second floor.
④ I will meet her tomorrow.

06 대화를 듣고, 두 사람이 무엇에 대해 이야기하고 있는지 고르세요.

① 봉사 활동
② 주말 활동
③ 방학 계획
④ 오늘의 일정

07 대화를 듣고, 여자가 지불해야 할 금액을 고르세요.

① $15
② $17
③ $19
④ $25

08 다음을 듣고, 내일의 날씨로 알맞은 것을 고르세요.

① rainy
② sunny
③ windy
④ cloudy

09 다음을 듣고, these가 가리키는 것이 무엇인지 고르세요.

① pots
② knives
③ scissors
④ chopsticks

10 대화를 듣고, 남자의 심정으로 알맞은 것을 고르세요.

① glad
② bored
③ jealous
④ unhappy

11 대화를 듣고, 두 사람이 대화하는 장소로 가장 알맞은 곳을 고르세요.

① 호텔
② 병원
③ 약국
④ 미용실

12 대화를 듣고, 대화 내용과 일치하지 않는 것을 고르세요.

① 여자는 남자에게 감사를 표현했다.
② 남자는 여행 가이드로 3년 동안 일해 왔다.
③ 남자는 여행 가이드로 일하기 전까지는 학생이었다.
④ 남자는 대학에서 관광학을 공부했다.

13 다음을 듣고, 두 사람의 대화가 자연스러운 것을 고르세요.

① ② ③ ④

14 대화를 듣고, 남자의 기분이 좋지 않은 이유를 고르세요.

① 친구와 다퉈서
② 독감에 걸려서
③ 시험을 못 봐서
④ 직장을 그만두어서

15 대화를 듣고, 여자의 마지막 말에 이어질 남자의 말로 알맞은 것을 고르세요.

① No, thanks.
② How much is it?
③ Don't worry about it.
④ Yes, I'd like to go to City Hall.

01 다음을 듣고, 빈칸에 알맞은 것을 고르세요.

Are you ________ ________
________ the proposal?

proposal 제안

02 다음을 듣고, 그림과 일치하는 것을 고르세요.

① The boy is looking at the ________.
② The boy is ________ in the ________.
③ The boy is ________ the ________.
④ The boy is ________ ________ the water.

dive (물속에) 뛰어들다, 다이빙하다

03 다음을 듣고, 그림과 일치하는 것을 고르세요.

① The women are ________ ________ ________.
② The women are ________ ________ ________.
③ The women are sitting ________ ________ ________.
④ The women are looking at the ________.

side by side 나란히

04 다음을 듣고, 그림의 상황에 알맞은 대화를 고르세요.

① M Would you like some more food?
W No, thanks. I ________ ________.
② W How do I get to the bakery?
M Go straight and turn right at the ________ ________.
③ M Can I get you ________ ________ ________?
W Please. A ham sandwich would be great.
④ W I'd like to pay for this.
M Okay. Do you ________ ________ ________?

bakery 빵집, 제과점

05 질문을 듣고, 가장 알맞은 대답을 고르세요.

________ ________ should we ________?

06 대화를 듣고, 두 사람이 무엇에 대해 이야기하고 있는지 고르세요.

W Hello, Jim! What do you usually do ________ ________?
M I usually ________ ________ with my father. How about you, Sally?
W I like to play computer games and watch movies on weekends. Sometimes I ________ ________ ________ with my family.

go climbing 등산하러 가다
go grocery shopping 장 보러 가다

07 대화를 듣고, 여자가 지불해야 할 금액을 고르세요.

M Good evening. Joy Restaurant.

W Hi. I'm calling to ________ ________ ________ for ________.

M ________ would you like to ________?

W I would you like to have an order of fried chicken and French fries.

M Your ________ comes to ________ dollars.

W All right. Do you take ________ ________?

place an order 주문을 하다

08 다음을 듣고, 내일의 날씨로 알맞은 것을 고르세요.

Good morning. I'm Jill Smith. Here is the CNC weather report. ________ last night ________ early this morning, we had heavy rain with ________ ________. Now, it is not raining. It will be ________ and ________ in the afternoon. The sunny weather ________ ________ the next day as well.

09 다음을 듣고, these가 가리키는 것이 무엇인지 고르세요.

These are ________ ________ in China, Japan, and Korea. You can find these in the ________. These are not big but long. These are usually made of ________ or ________. You can hold them in your hand and use them to ________ ________ ________.

commonly 흔히 **metal** 금속 **pick up** 집다, 들어 올리다

10 대화를 듣고, 남자의 심정으로 알맞은 것을 고르세요.

W How did you do on the ________ ________?

M ________ ________ I didn't do very well.

W Didn't you study hard for it?

M Yes, I did. But I solved ________ ________ ________ questions. I don't really want to talk about it anymore.

final exam 기말고사

11 대화를 듣고, 두 사람이 대화하는 장소로 가장 알맞은 곳을 고르세요.

M Good morning. I'm here for my 10 o'clock ________ ________ ________ ________.

W What is your name, please?

M My name is John Walker.

W Okay. ________ ________ ________ and wait a moment, please. He will be ________ ________ soon.

appointment 예약, 약속

12 대화를 듣고, 대화 내용과 일치하지 <u>않는</u> 것을 고르세요.

W Thank you for ______ ______ ______ this amazing place. ______ ______ have you been a tour guide?

M Three years.

W ______ ______ ______ ______ before becoming a tour guide?

M Hmm, before that, I was a student. I ______ ______ at university.

W ______ ______ you are good at it.

●●
show ~ around ~을 안내하다 **amazing** 굉장한, 놀라운
tour guide 여행 가이드 **history** 역사
That's why ~ 그래서 ~이다, 그것이 ~한 이유이다

13 다음을 듣고, 두 사람의 대화가 자연스러운 것을 고르세요.

① M Can I have some Coke, too?
W Sure, I have ______ and ______.

② W Do you like singing?
M Yes, it's my ______ ______.

③ M ______ I ______ ______ with that?
W Oh, thank you.

④ W Where ______ ______ ______?
M I'm going to visit Italy.

●●
salt 소금

14 대화를 듣고, 남자의 기분이 좋지 <u>않은</u> 이유를 고르세요.

W Hi. You look very tired today.

M I ______ ______ ______.

W Gee, what's the matter?

M I've ______ ______ ______.

W That's too bad. I hope you ______ ______ ______.

15 대화를 듣고, 여자의 마지막 말에 이어질 남자의 말로 알맞은 것을 고르세요.

W Can I ______ ______ ______?

M Yes, please. What's the ______ ______ ______ ______?

W Chicken soup.

M I would like to order that.

W Is there ______ ______?

M <u>No, thanks.</u>

정답 및 해석 p. 81

A 다음을 듣고, 어휘와 우리말 뜻을 쓰세요.

1. ______ ______
2. ______ ______
3. ______ ______
4. ______ ______
5. ______ ______
6. ______ ______
7. ______ ______
8. ______ ______
9. ______ ______
10. ______ ______

B 우리말을 참고하여 빈칸에 알맞은 단어를 쓰세요.

1. Sometimes I go ______ ______ with my family.
   가끔 나는 가족과 함께 장을 보러 간다.
2. I hope you ______ ______ soon.
   빨리 낫길 바라.
3. Thank you for ______ us ______ this amazing place.
   이렇게 굉장한 곳으로 저희를 안내해 주셔서 감사해요.
4. Do you ______ ______ ______?
   영수증 필요하세요?
5. The women are ______ ______ ______.
   여자들은 식사를 하고 있다.
6. ______ do I get to the ______?
   빵집에 어떻게 가면 되나요?
7. The boy is ______ ______ the water.
   남자아이는 물속으로 뛰어들고 있다.

NEW EDITION

기초를 탄탄히 다져주는
리스닝 프로그램

영어듣기 모의고사

COOL LISTENING

정답 및 해석

Basic 2

DARAKWON

영어듣기 모의고사

COOL LISTENING

정답 및 해석

Basic 2

TEST 01 p. 8

01 ③ 02 ④ 03 ④ 04 ② 05 ① 06 ④ 07 ③ 08 ②
09 ④ 10 ① 11 ④ 12 ② 13 ① 14 ④ 15 ②

	문제 및 정답	받아쓰기 및 녹음내용	해석
01	다음을 듣고, 빈칸에 알맞은 것을 고르세요. ______ two Korean students in this class. ① There is ② They are ③ There are ④ Three are	There are two Korean students in this class.	이 수업에는 두 명의 한국인 학생이 있다. there is[are] ~이 있다 class 수업, 반
02	다음을 듣고, 그림과 일치하는 것을 고르세요. ① ② ③ ④	① The woman is washing her hair. ② The woman is combing her hair. ③ The woman is shopping for a hair band. ④ The woman is getting her hair cut.	① 여자는 머리를 감고 있다. ② 여자는 머리를 빗고 있다. ③ 여자는 머리띠를 사고 있다. ④ 여자는 머리를 자르고 있다. comb (머리·털 등을) 빗다, 빗질하다 get one's hair cut (미용실 등에 가서) 머리를 자르다
03	다음을 듣고, 그림과 일치하는 것을 고르세요. ① ② ③ ④	① The cat is sitting behind the woman. ② The cat is lying in front of the woman. ③ The woman is feeding the cat. ④ The woman is standing beside the cat.	① 고양이는 여자 뒤에 앉아 있다. ② 고양이는 여자 앞에 누워 있다. ③ 여자는 고양이에게 먹이를 주고 있다. ④ 여자는 고양이 곁에 서 있다. behind ~의 뒤에 lie 눕다 in front of ~의 앞에 feed 먹이를 주다 beside ~의 곁에
04	다음을 듣고, 그림과 일치하는 것을 고르세요. ① ② ③ ④	① There are two cars on the street. ② There are no people on the street. ③ There is only one tree on the street. ④ There are three people on the street.	① 도로에 차가 두 대 있다. ② 도로에 사람들이 아무도 없다. ③ 도로에 나무 한 그루만 있다. ④ 도로에 세 사람이 있다. street 도로, 거리

	문제	대본	해석
05	**질문을 듣고, 가장 알맞은 대답을 고르세요.** ① Yes, I do. ② No, I'm not. ③ I don't think so. ④ I want to live in a city.	Do you live near here?	너는 이 근처에 사니? ① 응, 그래. ② 아니, 그렇지 않아. ③ 난 그렇게 생각하지 않아. ④ 나는 도시에서 살고 싶어. **near** 근처에, 가까이
06	**대화를 듣고, 남자가 찾고 있는 것이 무엇인지 고르세요.** ① 하와이 ② 여행 상품 ③ 서점의 위치 ④ 하와이에 관한 책	M Where can I find books about Hawaii? W They're in the travel section. M Can you show me where it is? W Just go straight to the end of this aisle, and you will see it on the left.	남 하와이에 관한 책을 어디서 찾을 수 있어요? 여 여행 코너에 있습니다. 남 그곳이 어디인지 알려 주시겠어요? 여 이 통로의 끝까지 곧장 가시면 왼편에 보일 겁니다. **section** 코너, 구역 **straight** 곧장, 똑바로 **aisle** 통로
07	**대화를 듣고, 복권 당첨 번호를 고르세요.** ① 3, 5, 12, 20, 29, 14 ② 3, 5, 20, 12, 29, 40 ③ 3, 5, 12, 22, 29, 40 ④ 5, 12, 20, 22, 29, 40	W Congratulations! You are now rich! M Oh, my god! I won the lottery. W What are the lucky numbers that you chose? M The numbers were 3, 5, 12, 22, 29, and 40.	여 축하해! 넌 이제 부자야! 남 이럴 수가! 내가 복권에 당첨되다니. 여 네가 고른 행운의 숫자가 뭐니? 남 3, 5, 12, 22, 29, 40이야. **Congratulations!** 축하해! **rich** 부자인, 부유한 **lottery** 복권 **lucky** 행운의 **choose** 고르다, 선택하다
08	**대화를 듣고, 말레이시아의 날씨로 언급되지 않은 것을 고르세요.** ① hot ② cold ③ cool ④ humid	W Mike, do you have many SNS friends? M Yes. My best friend, Siti, is from Malaysia. Here is her picture. W Wow! She's beautiful. By the way, what's the weather like there? M When it's summer, it's hot and humid. When it's winter here, it's warm and cool there.	여 Mike, 너는 SNS 친구들이 많이 있니? 남 응. 내 가장 친한 친구인 Siti는 말레이시아 사람이야. 여기 그녀의 사진이 있어. 여 와! 그녀는 아름답구나. 그런데, 거기 날씨는 어때? 남 여름엔 덥고 습해. 여기가 겨울일 때 거기는 따뜻하고 서늘해. **beautiful** 아름다운, 고운 **by the way** 그런데, 그나저나 **humid** 습한
09	**다음을 듣고, this가 가리키는 것이 무엇인지 고르세요.** ① light ② television ③ computer ④ alarm clock	Every morning, I get up at seven o'clock. But this morning, this didn't work because the battery ran out. So I was late for school.	매일 아침 저는 7시에 일어납니다. 그런데 오늘 아침에는 건전지가 다 닳았기 때문에 이것이 작동하지 않았습니다. 그래서 저는 학교에 지각했습니다. **get up** 일어나다 **work** (기계 등이) 작동하다 **battery** 건전지 **run out** 닳다, 다 써버리다

10 대화를 듣고, 여자의 심정으로 알맞은 것을 고르세요.

① sad
② angry
③ excited
④ nervous

M What's wrong?
W My grandmother passed away yesterday.
M I am so sorry for your loss.
W Thanks. We were very close.

남 무슨 일이야?
여 어제 우리 할머니가 돌아가셨어.
남 상심이 정말 크겠구나.
여 고마워. 할머니와 난 아주 가까웠거든.

pass away 돌아가시다[사망하다] **loss** 상실, 죽음 **close** 가까운, 친한

11 대화를 듣고, Bill이 있는 장소로 가장 알맞은 곳을 고르세요.

① yard
② garage
③ bedroom
④ bathroom

M Is this Bill's phone?
W Yes, it is. But he can't come to the phone right now. He is taking a shower.
M Oh, I see. Can I leave a message?
W Sure. What should I tell him?
M Please tell him to call Robin.

남 Bill의 전화인가요?
여 응, 맞아. 그런데 지금 그 애는 전화를 받으러 올 수 없단다. 샤워 중이거든.
남 아, 알겠습니다. 제가 메시지를 남길 수 있을까요?
여 물론이지. 뭐라고 전해 줄까?
남 Robin에게 전화해 달라고 전해 주세요.

take a shower 샤워하다
leave a message 메시지를 남기다
yard 마당 **garage** 차고

12 대화를 듣고, 대화 내용과 일치하는 것을 고르세요.

① 오늘은 여자의 남동생 생일이다.
② 여자는 선물로 목걸이를 살 것이다.
③ 여자는 혼자서 선물을 살 것이다.
④ 남자는 쇼핑 하는 것을 귀찮게 여긴다.

W Today is my sister's birthday.
M Really? Did you buy a present for her?
W No, but I am going shopping to buy a necklace for her now.
M Do you want me to go with you?
W Yes, please.

여 오늘은 내 여동생의 생일이야.
남 정말? 여동생에게 줄 선물은 샀어?
여 아니, 하지만 지금 동생에게 줄 목걸이를 사러 가려고.
남 내가 너와 같이 가 줄까?
여 응, 그렇게 해 줘.

present 선물 **necklace** 목걸이

13 다음을 듣고, 두 사람의 대화가 자연스러운 것을 고르세요.

① ② ③ ④

① M For here or to go?
W To go, please.
② W Good to see you again. How are you doing?
M You're welcome.
③ M Please make a copy of this page.
W You should never print anything.
④ W When did you hear the news?
M Yes, I got a new shirt.

① 남 여기서 드실 건가요, 아니면 가져가실 건가요?
여 가지고 갈 거예요.
② 여 다시 만나서 반갑습니다. 어떻게 지내셨나요?
남 천만에요.
③ 남 이 페이지를 복사해 주세요.
여 당신은 어떤 것도 출력하지 말아야 합니다.
④ 여 너는 언제 그 소식을 들었니?
남 응, 나 새 셔츠를 샀어.

make a copy of ~을 복사하다
print 출력하다 **news** 소식, 뉴스

14	**다음을 듣고, 여자가 배우고 있는 운동을 고르세요.** ① 수영 ② 서핑 ③ 스키 ④ 스노보드	I really wanted to learn, but at first, I was scared. My dad would help me by holding my hands as I tried to keep my balance on the board. I practiced a lot. One day, I was finally able to go down the slope by myself, and my dad was very proud of me.	나는 정말 배우고 싶었지만, 처음엔 무서웠다. 내가 보드 위에서 균형을 잡으려 할 때 우리 아빠는 내 손을 잡으며 도와주셨다. 나는 많이 연습했다. 어느 날, 나는 마침내 슬로프를 혼자서 내려갈 수 있었고, 아빠는 나를 무척 자랑스러워 하셨다. **scared** 무서운, 겁먹은 **hold** 잡다, 쥐다 **keep one's balance** 균형을 잡다 **practice** 연습하다 **be able to** ~할 수 있다 **slope** (스키장의) 슬로프, 경사지 **by oneself** 혼자 **proud** 자랑스러운
15	**대화를 듣고, 여자의 마지막 말에 이어질 남자의 말로 알맞은 것을 고르세요.** ① That's all right. ② I'm sorry. I have no idea. ③ No, I don't have a phone. ④ Yes, my mom told me to come home.	W Excuse me. Can I ask you something? M Yes, you can. W Do you know how to get to the post office? M I'm sorry. I have no idea.	여 실례합니다. 뭐 좀 물어봐도 될까요? 남 네, 그러세요. 여 우체국에 가는 방법을 아시나요? 남 죄송해요. 잘 모르겠어요. ① 괜찮아요. ③ 아니요, 전 휴대폰이 없어요. ④ 네, 엄마가 저에게 집에 오라고 말씀하셨어요. **how to** ~하는 방법 **get to** ~에 가다, 도착하다 **post office** 우체국

REVIEW TEST p. 13

A ❶ present, 선물 ❷ aisle, 통로 ❸ scared, 무서운, 겁먹은 ❹ comb, (머리·털 등을) 빗다, 빗질하다 ❺ feed, 먹이를 주다 ❻ necklace, 목걸이 ❼ humid, 습한 ❽ by oneself, 혼자 ❾ by the way, 그런데, 그나저나 ❿ run out, 닳다, 다 써버리다

B ❶ leave, message ❷ to go ❸ getting, cut ❹ passed away ❺ lying in front of ❻ know how to ❼ make a copy of

TEST 02 p. 14

01 ① 02 ④ 03 ① 04 ② 05 ③ 06 ④ 07 ③ 08 ③
09 ③ 10 ③ 11 ① 12 ④ 13 ③ 14 ① 15 ②

	문제 및 정답	받아쓰기 및 녹음내용	해석
01	다음을 듣고, 빈칸에 알맞은 것을 고르세요. Jamie ____________ in classical music. ① is interested ② is interesting ③ are interested ④ has an interest	Jamie is interested in classical music.	Jamie는 클래식 음악에 관심이 있다. be interested in ~에 관심이 있다 classical music 클래식 음악
02	다음을 듣고, 그림과 일치하는 것을 고르세요. ① ② ③ ④	① The man is fixing the cell phone. ② The man is looking at the cell phone. ③ The man is holding the cell phone with both hands. ④ The man is talking on the cell phone.	① 남자는 휴대폰을 고치고 있다. ② 남자는 휴대폰을 보고 있다. ③ 남자는 양손으로 휴대폰을 쥐고 있다. ④ 남자는 휴대폰으로 통화를 하고 있다. fix 고치다, 수리하다 both 양쪽의, 둘 다의
03	다음을 듣고, 그림과 일치하는 것을 고르세요. ① ② ③ ④	① The woman has a backache. ② The woman has a sore throat. ③ The woman has a headache. ④ The woman has a fever.	① 여자는 허리가 아프다. ② 여자는 목이 아프다. ③ 여자는 머리가 아프다. ④ 여자는 열이 있다. backache 허리의 통증, 요통 sore 아픈 throat 목구멍, 목 headache 두통 fever 열
04	다음을 듣고, 그림과 일치하는 것을 고르세요. ① ② ③ ④	① The girl is as tall as the boys. ② The girl is the shortest. ③ The girl is the tallest. ④ Two boys are wearing glasses.	① 여자아이는 남자아이들과 키가 같다. ② 여자아이의 키가 가장 작다. ③ 여자아이의 키가 가장 크다. ④ 두 남자아이는 안경을 쓰고 있다. glasses 안경

05 질문을 듣고, 가장 알맞은 대답을 고르세요.

① You're welcome.
② Let's go together.
③ That sounds good. ✓
④ I'm too busy today.

Why don't you come over to my house tomorrow?

내일 우리 집에 오지 않을래?

① 천만에.
② 같이 가자.
③ 그거 좋겠다.
④ 오늘은 너무 바빠.

Why don't you ~? ~하지 않을래?
come over to ~에 오다

06 대화를 듣고, 남자가 원하는 것이 무엇인지 고르세요.

① 급행 차표 1장
② 일반 차표 1장
③ 급행 차표 2장
④ 일반 차표 2장 ✓

W How can I help you?
M Two tickets to Busan, please.
W Do you want express or regular tickets?
M Regular tickets, please.

여 무엇을 도와드릴까요?
남 부산행 표 두 장 주세요.
여 급행이요, 아니면 일반이요?
남 일반으로 주세요.

express 급행의 **regular** 일반의

07 대화를 듣고, 현재 시각을 고르세요.

① 4시 10분
② 9시 15분
③ 9시 45분 ✓
④ 10시 15분

W Excuse me. Do you have the time?
M Sure. It's a quarter to ten.
W Thank you very much.
M Don't mention it.

여 실례합니다. 지금 몇 시입니까?
남 네. 10시 15분 전이에요.
여 정말 감사합니다.
남 별말씀을요.

Do you have the time? 지금 몇 시입니까?
quarter 15분; 4분의 1 **Don't mention it.** 별말씀을요.

08 다음을 듣고, 오늘 오후의 날씨로 알맞은 것을 고르세요.

① 맑고 더움
② 흐리고 비
③ 맑고 따뜻함 ✓
④ 흐리고 안개

Good morning. Here is the weather for today. It's a bit cloudy and foggy now. The chance of rain is 10%. However, the skies will be clear, and it should be warm and sunny in the afternoon.

안녕하세요. 오늘의 날씨입니다. 지금은 약간 흐리고 안개가 끼어 있습니다. 비가 올 가능성은 10%입니다. 그러나 하늘이 맑아지겠으며, 오후에는 따뜻하고 화창하겠습니다.

a bit 약간, 조금 **cloudy** 흐린, 구름이 낀
foggy 안개가 낀 **chance** 가능성; 기회
clear 맑은

09 다음을 듣고, 마지막 질문에 대한 알맞은 답을 고르세요.

① pencils
② erasers
③ glasses ✓
④ notebooks

I couldn't see well what the teachers wrote on the board. So I told my mother about that. My mother said I need these. What do you think I need?

저는 선생님들이 칠판에 쓴 것을 잘 볼 수 없었습니다. 그래서 저는 엄마에게 그것에 대해 말씀드렸습니다. 엄마는 제게 이것이 필요하다고 말씀하셨습니다. 제게 필요한 것이 무엇이라고 생각하시나요?

board 칠판 **eraser** 지우개

10 대화를 듣고, 여자의 심정으로 알맞은 것을 고르세요.

① tired
② upset
③ happy
④ surprised

M Hi, Lisa. Where are you going?
W To the amusement park with my family. I'm so excited.
M Wow, have fun!
W Thanks.

남 안녕, Lisa. 어디 가는 중이니?
여 가족과 함께 놀이공원에 가는 길이야. 정말 신나.
남 와, 재미 있게 보내!
여 고마워.

amusement park 놀이공원
excited 신이 난, 들뜬

11 대화를 듣고, 두 사람이 대화하는 장소로 가장 알맞은 곳을 고르세요.

① airport
② bus stop
③ train station
④ department store

M I'm going to miss you very much.
W I'll miss you, too. Have a nice flight and say hello to your family for me.
M I will. I have to go to the gate now.
W Okay. Have a nice trip and take care of yourself.

남 네가 아주 많이 그리울 거야.
여 나도 네가 보고 싶을 거야. 비행기 여행 잘 하고 내 대신 너희 가족에게 안부 전해 줘.
남 그럴게. 이제 난 탑승구로 가야 해.
여 알았어. 여행 잘 하고 몸 조심해.

miss 그리워하다 **flight** 비행
gate (공항의) 게이트, 탑승구 **trip** 여행
Take care of yourself. 몸 조심해.

12 대화를 듣고, 대화 내용과 일치하는 것을 고르세요.

① 남자는 오늘 친구의 결혼식에 가야 한다.
② 남자는 사촌의 신부를 만나 본 적이 있다.
③ 남자는 사촌의 신부를 잘 알고 있다.
④ 남자의 사촌은 내일 결혼한다.

M I have to go to my cousin's wedding tomorrow.
W Have you met your cousin's bride?
M No, I've never met her.
W Do you know what she does?
M No, I don't.

남 나는 내일 사촌 결혼식에 가야 해.
여 사촌의 신부를 만나 본 적 있니?
남 아니, 만나 본 적 없어.
여 무슨 일을 하는 분이신지 아니?
남 아니, 몰라.

cousin 사촌 **bride** 신부

13 다음을 듣고, 두 사람의 대화가 어색한 것을 고르세요.

① ② ③ ④

① M Who's this?
W This is my elder brother.

② W You don't look well. What's wrong with you?
M I came down with the flu.

③ M Are you waiting for your younger sister?
W She weighs 45 kilograms.

④ W I have an English exam tomorrow.
M I hope you do well.

① 남 이 사람은 누구니?
여 우리 오빠야.

② 여 너 안색이 안 좋아 보여. 무슨 일 있어?
남 독감에 걸렸어.

③ 남 네 여동생을 기다리고 있는 거야?
여 그녀는 몸무게가 45kg이야.

④ 여 나는 내일 영어 시험이 있어.
남 시험 잘 보길 바라.

elder brother 형, 오빠 **come down with** (병에) 걸리다 **flu** 독감 **weigh** 무게가 ~이다 **exam** 시험

14 대화를 듣고, 남자가 테니스를 칠 수 없는 이유를 고르세요.

✓① 발목을 다쳐서
② 교통사고가 나서
③ 병문안을 가야 해서
④ 다른 약속이 있어서

M Hello. May I speak to Jill? This is Sam.
W This is Jill speaking. What's going on, Sam?
M I broke my ankle this morning, so I won't be able to play tennis today.
W What a pity! I hope you get better soon.

남 여보세요, Jill 좀 바꿔 주시겠어요? 저는 Sam입니다.
여 내가 Jill인데. 무슨 일이야, Sam?
남 오늘 아침에 내 발목이 부러져서, 오늘은 테니스를 칠 수 없을 것 같아.
여 안됐다! 네가 곧 회복되길 바라.

ankle 발목 **What a pity!** 안됐다!, 유감이다!
get better (병·상황 등이) 회복되다, 좋아지다

15 대화를 듣고, 남자의 마지막 말에 이어질 여자의 말로 알맞은 것을 고르세요.

① That's too bad.
✓② Really? I'll take it.
③ I think I have to go.
④ Do you have any earrings?

W Can I see this necklace?
M Of course. Oh, it looks beautiful on you.
W How much is it?
M Well, it was originally 80 dollars but it's 50% off today.
W Really? I'll take it.

여 이 목걸이 좀 볼 수 있을까요?
남 물론이죠. 오, 당신에게 잘 어울리는군요.
여 얼마인가요?
남 음, 원래 80달러였지만 오늘은 50% 할인입니다.
여 정말이요? 그걸 살게요.

① 그것 참 안됐군요.
③ 가야 할 것 같아요.
④ 귀걸이가 있나요?

originally 원래 **off** 할인하여

REVIEW TEST p. 19

A
❶ ankle, 발목 ❷ fever, 열 ❸ fix, 고치다, 수리하다 ❹ sore, 아픈 ❺ flight, 비행
❻ weigh, 무게가 ~이다 ❼ quarter, 15분; 4분의 1 ❽ come down with, (병에) 걸리다
❾ be interested in, ~에 관심이 있다 ❿ amusement park, 놀이공원

B
❶ get better ❷ has, backache ❸ holding, both
❹ going to miss ❺ as tall as ❻ have the time
❼ Why don't you

TEST 03 p. 20

01 ② 02 ② 03 ③ 04 ④ 05 ① 06 ② 07 ① 08 ①
09 ③ 10 ② 11 ② 12 ③ 13 ② 14 ④ 15 ④

	문제 및 정답	받아쓰기 및 녹음내용	해석
01	다음을 듣고, 빈칸에 알맞은 것을 고르세요. My brother ________ school very early today. ① went ② went to ✓ ③ want to ④ wants to	My brother went to school very early today.	내 남동생은 오늘 매우 일찍 학교에 갔다. early 일찍
02	다음을 듣고, 그림과 일치하는 것을 고르세요. ① ② ✓ ③ ④	① The girl is taking a picture. ② The girl is drawing a picture. ③ The girl is hanging up a picture. ④ The girl is holding a picture.	① 여자아이는 사진을 찍고 있다. ② 여자아이는 그림을 그리고 있다. ③ 여자아이는 그림을 걸고 있다. ④ 여자아이는 그림을 들고 있다. draw 그리다 hang up ~을 걸다, 매달다
03	다음을 듣고, 그림과 일치하는 것을 고르세요. ① ② ③ ✓ ④	① Two people are sitting on a bench. ② The woman is running with a dog. ③ The man is listening to music. ④ The woman is playing with a doll.	① 두 사람은 벤치에 앉아 있다. ② 여자는 개와 함께 달리고 있다. ③ 남자는 음악을 듣고 있다. ④ 여자는 인형을 가지고 놀고 있다. bench 벤치, 긴 의자 doll 인형
04	다음을 듣고, 그림과 일치하는 것을 고르세요. ① ② ③ ④ ✓	① It's cloudy, and Jenny is spinning her pencil. ② It's rainy, and Jenny is listening to music. ③ It's windy, and Jenny is cleaning the bedroom. ④ It's sunny, and Jenny is studying at her desk.	① 날씨는 흐리고, Jenny는 연필을 돌리고 있다. ② 비가 오고, Jenny는 음악을 듣고 있다. ③ 바람이 불고, Jenny는 침실을 청소하고 있다. ④ 날씨는 화창하고, Jenny는 책상에서 공부하고 있다. spin 돌리다, 회전시키다 rainy 비가 오는 windy 바람이 부는

05

질문을 듣고, 가장 알맞은 대답을 고르세요.

① By bus. ✓
② I want to drive.
③ With my mother.
④ My father can drive.

How do you get to school?

너는 학교에 어떻게 가니?

① 버스로.
② 나는 운전을 하고 싶어.
③ 엄마와 함께.
④ 우리 아버지는 운전할 줄 아셔.

06

대화를 듣고, 두 사람이 이번 주말에 할 일로 알맞은 것을 고르세요.

① 소풍
② 쇼핑 ✓
③ TV 시청
④ 피자 주문

M What are our plans for this weekend?
W Well, let's just watch TV at home and order some pizza.
M Again? Let's go shopping.
W Okay, that sounds good. Let's do that.

남 우리 이번 주말 계획이 뭐야?
여 글쎄, 집에서 TV나 보고 피자를 시켜 먹자.
남 또? 우리 쇼핑하러 가자.
여 그래, 그게 좋겠다. 그렇게 하자.

plan 계획 **order** 주문하다

07

대화를 듣고, 두 사람이 지불해야 할 총 금액을 고르세요.

Menu	
Pizza	Regular: $13 Large: $16
Soda	Small: $3 Medium: $4 Large: $5

① $16 ✓
② $17
③ $18
④ $19

W What do you have in mind?
M I want to eat one regular pizza.
W Okay. I'd like to have one small soda.
M Let's order them now.

여 넌 어떤 걸 먹고 싶은데?
남 나는 보통 크기의 피자 하나를 먹고 싶어.
여 알았어. 나는 탄산음료 작은 거 하나를 마시고 싶어.
남 이제 주문하자.

have ~ in mind ~을 생각하다[염두에 두다]
regular (크기가) 보통의; 규칙적인
soda 탄산음료

08

다음을 듣고, 오늘의 날씨로 알맞은 것을 고르세요.

① 비 ✓
② 눈
③ 흐림
④ 맑음

It was very hot yesterday. I went to the beach with my family. I really enjoyed swimming at the beach. We wanted to go there again today, but it has been raining all day. I am really disappointed. I hope it is sunny tomorrow.

어제는 매우 더웠다. 나는 가족과 함께 해변에 갔다. 나는 해변에서 수영하는 것을 정말로 즐겼다. 우리는 오늘 다시 그곳에 가고 싶었지만, 하루 종일 비가 내리고 있다. 나는 정말로 실망스럽다. 내일은 날씨가 화창하기를 바란다.

beach 해변 **enjoy** 즐기다 **all day** 하루 종일
disappointed 실망한

09

다음을 듣고, this가 가리키는 것이 무엇인지 고르세요.

① hair dryer
② refrigerator
③ air conditioner ✓
④ washing machine

This is a modern machine that you may have in your home. It keeps the air cool. Without this, you would be very hot in the summertime. People usually put it on a wall or even on the ceiling.

이것은 여러분이 집에 갖고 있을 수도 있는 현대적인 기계입니다. 이것은 공기를 시원하게 유지시킵니다. 이것이 없다면, 여러분은 여름에 매우 더울 것입니다. 사람들은 보통 그것을 벽이나 천장에 설치합니다.

modern 현대적인 **machine** 기계 **keep** 유지하다 **without** ~이 없다면 **usually** 보통 **wall** 벽 **ceiling** 천장 **refrigerator** 냉장고

10	**대화를 듣고, 두 사람의 상태로 알맞은 것을 고르세요.** ① sad ② tired ③ hopeful ④ energetic	M What a long day! W I know. We got up at six o'clock in the morning, and now it's almost five. M It's not easy climbing a mountain. W Tell me about it. I won't do it again.	남 정말 긴 하루야! 여 그러게. 우리는 아침 6시에 일어났는데, 지금은 거의 5시야. 남 산에 오르는 것은 쉽지가 않네. 여 정말 그래. 나는 다시는 하지 않을 거야. **almost** 거의 **climb** 오르다, 올라가다 **Tell me about it.** 정말 그래. **hopeful** 희망찬 **energetic** 활기찬
11	**다음을 듣고, 안내 방송이 나오는 장소로 가장 알맞은 곳을 고르세요.** ① 공항 ② 지하철 ③ 기차역 ④ 버스 터미널	This stop is Seoul Station, Seoul Station. The exit doors for this stop are on your left. You can transfer to line number 4 at this station. Please watch your step when you leave the train. Thank you.	이번 역은 서울역, 서울역입니다. 이번 역에서 내리실 문은 왼쪽입니다. 이번 역에서 4호선으로 갈아타실 수 있습니다. 전철에서 내리실 때 발밑을 조심하세요. 감사합니다. **stop** 정류장, 정거장 **station** (기차) 역 **exit door** 출구, 나가는 문 **transfer** 갈아타다, 환승하다 **watch one's step** 발밑을 조심하다
12	**대화를 듣고, 대화 내용과 일치하는 것을 고르세요.** ① 여자는 영어 숙제를 해야 한다. ② 남자는 야구를 하고 싶어 한다. ③ 남자는 공원에 가고 싶어 한다. ④ 남자는 여자에게 숙제를 도와 달라고 말한다.	M Do you want to go to the park and play badminton? W I can't. I have a lot of math homework. M I'll help you after we finish playing. W Okay. Let's go.	남 공원에 가서 배드민턴 칠래? 여 안돼. 수학 숙제가 많거든. 남 배드민턴 치고 나서 내가 도와줄게. 여 그래. 가자. **play badminton** 배드민턴을 치다 **a lot of[lots of]** 많은 **math** 수학 **homework** 숙제
13	**다음을 듣고, 두 사람의 대화가 어색한 것을 고르세요.** ① ② ③ ④	① W Fasten your seatbelt. M I'm sorry. I forgot. ② M I would like to send this package. W Sure. I will take it. ③ W Do you have any rooms available tonight? M Yes, we do. Do you want a single room or a double room? ④ M Can I help you with anything? W No, thanks. I am just looking around.	① 여 안전벨트를 매세요. 남 죄송해요. 깜박했어요. ② 남 저는 이 소포를 보내고 싶습니다. 여 네. 그걸로 할게요. ③ 여 오늘 밤에 빈 방이 있습니까? 남 네, 있습니다. 1인실을 원하십니까, 아니면 2인실을 원하십니까? ④ 남 제가 도와드릴 일이 있습니까? 여 아니요, 괜찮습니다. 그냥 구경하는 거예요. **fasten** 매다, 채우다 **seatbelt** 안전벨트 **forget** 잊다 **send** 보내다 **package** 소포 **available** 이용 가능한 **look around** 구경하다, 둘러보다

14	대화를 듣고, 남자가 잃어버린 물건으로 언급되지 않은 것을 고르세요. ① 옷 ② 여권 ③ 지갑 ④ 휴대폰	M Oh, my god! Where is my jacket? W What! How could that happen? Look carefully. M It is gone. I just took off my jacket and left it on the bench. I talked to you for a little while. Everything is gone: my tickets, passport, wallet, cash, credit cards, and digital camera. What should I do? W Gosh, call your credit card companies and report this to the police. I guess our trip is over, too.	남 오, 이런! 내 재킷이 어디에 있지? 여 뭐야! 어떻게 그런 일이 일어난 거야? 잘 찾아봐. 남 사라졌어. 나는 재킷을 벗어서 벤치 위에 뒀을 뿐인데. 너랑 잠깐 동안 이야기했잖아. 내 표, 여권, 지갑, 현금, 신용카드, 그리고 디지털 카메라가 모두 사라졌어. 어떻게 해야 하지? 여 맙소사, 신용카드 회사에 전화하고 경찰에 신고해. 우리 여행도 끝인 것 같아. **happen** (일·사건 등이) 일어나다, 발생하다 **carefully** 주의 깊게 **be gone** 사라지다 **take off** (옷 등을) 벗다 **for a little while** 잠깐 동안 **passport** 여권 **wallet** 지갑 **cash** 현금 **credit card** 신용카드 **report to the police** 경찰에 신고하다 **over** 끝이 난
15	대화를 듣고, 여자의 마지막 말에 이어질 남자의 말로 알맞은 것을 고르세요. ① I am not going. ② I'm fine. Thank you. ③ I came here by plane. ④ We are planning to go by bus.	M We are going to go on a picnic next week. Do you want to join us? W Sure. Where are we going? M We are going to Redwood National Park. W How are you going to get there? M We are planning to go by bus.	남 우리는 다음 주에 소풍을 갈 거야. 너도 우리와 같이 갈래? 여 물론이지. 어디로 갈 건데? 남 Redwood 국립 공원으로 갈 거야. 여 거기에 어떻게 갈 건데? 남 버스를 타고 갈 계획이야. ① 나는 가지 않을 거야. ② 나는 잘 지내. 고마워. ③ 나는 여기에 비행기를 타고 왔어. **join** 함께 하다, 참가하다 **national park** 국립 공원

REVIEW TEST p. 25

A
❶ fasten, 매다, 채우다 ❷ modern, 현대적인 ❸ disappointed, 실망한 ❹ ceiling, 천장
❺ transfer, 갈아타다, 환승하다 ❻ order, 주문하다 ❼ passport, 여권
❽ hang up, ~을 걸다, 매달다 ❾ credit card, 신용카드 ❿ look around, 구경하다, 둘러보다

B
❶ enjoyed swimming ❷ keeps, cool ❸ took off
❹ raining all day ❺ send this package ❻ watch your step
❼ single room, double room

TEST 04 

p. 26

01 ③ 02 ① 03 ② 04 ① 05 ① 06 ② 07 ② 08 ①
09 ④ 10 ③ 11 ② 12 ④ 13 ④ 14 ① 15 ①

	문제 및 정답	받아쓰기 및 녹음내용	해석
01	다음을 듣고, 빈칸에 알맞은 것을 고르세요. I don't remember ______ for the first time. ① when we met ② when to meet ③ where we met ④ where to meet	I don't remember where we met for the first time.	난 우리가 어디서 처음으로 만났는지 기억나지 않아. **remember** 기억하다 **for the first time** 처음으로
02	다음을 듣고, 그림과 일치하는 것을 고르세요. ① ② ③ ④	① People are at the theater. ② People are at the gym. ③ People are in the park. ④ People are on the street.	① 사람들은 극장에 있다. ② 사람들은 체육관에 있다. ③ 사람들은 공원에 있다. ④ 사람들은 거리에 있다. **theater** 극장, 영화관 **gym** 체육관
03	다음을 듣고, 그림과 일치하는 것을 고르세요. ① ② ③ ④	① My mother gets up at six thirty. ② My mother gets up at six forty-five. ③ My mother goes to bed at nine thirty. ④ My mother goes to bed at nine forty-five.	① 엄마는 6시 30분에 일어나신다. ② 엄마는 6시 45분에 일어나신다. ③ 엄마는 9시 30분에 잠자리에 드신다. ④ 엄마는 9시 45분에 잠자리에 드신다.
04	다음을 듣고, 그림과 일치하는 것을 고르세요. Jane / Mike / Tom / Danny ① ② ③ ④	① Jane is playing the piano. ② Tom is by the window. ③ Mike has a flower. ④ Danny is wearing a cap.	① Jane은 피아노를 치고 있다. ② Tom은 창문 옆에 있다. ③ Mike는 꽃을 가지고 있다. ④ Danny는 모자를 쓰고 있다. **by** ~의 옆에 **cap** (앞부분에 챙이 달린) 모자

05

질문을 듣고, 가장 알맞은 대답을 고르세요.

① Sure.
② Thanks.
③ I can't wait.
④ You're welcome.

Can you get some milk for me?

우유 좀 사다 주겠니?

① 그래.
② 고마워.
③ 너무 기대돼.
④ 천만에.

get 사다, 얻다

06

대화를 듣고, 여자가 남자에게 부탁한 일로 알맞은 것을 고르세요.

① 짐 들어 주기
② 문 열어 주기
③ 식사 같이 하기
④ 생일 파티 준비하기

W Can you open the door for me? My hands are full.
M No problem. Did you go shopping today?
W Yes, I did. Tomorrow is my friend's birthday.
M She's very lucky to have a good friend like you.

여 문 좀 열어 줄 수 있어? 내 손이 가득 찼어.
남 알았어. 너 오늘 쇼핑하러 갔니?
여 응, 갔어. 내일이 내 친구의 생일이거든.
남 너처럼 좋은 친구를 두다니 그녀는 운이 참 좋구나.

full 가득 찬

07

대화를 듣고, 두 사람이 만나기로 한 시각을 고르세요.

① 4시 30분
② 5시 30분
③ 6시
④ 6시 30분

M Hello, Ellen? This is Bob. Guess what! I got two tickets for *Cats*.
W That's what I really want to see. What time is the musical?
M It's 6:30. How about meeting an hour early in front of the theater?
W Okay. It's 4:30 now. I should hurry up. See you soon.

남 여보세요, Ellen. 나 Bob이야. 있잖아! 내가 <캣츠> 티켓을 두 장 구했어.
여 그거 내가 정말 보고 싶었던 건데. 뮤지컬은 몇 시에 하니?
남 6시 30분이야. 극장 앞에서 한 시간 일찍 만나는 게 어때?
여 알았어. 지금이 4시 반이야. 서둘러야겠어. 곧 만나자.

Guess what! (놀랄 만한 일을 가르쳐 주며) 있잖아! **hurry up** 서두르다

08

다음을 듣고, 오늘이 무슨 요일인지 고르세요.

①	②	③	④
Sunday	Monday	Tuesday	Wednesday
맑음	맑음	약간 흐리고 맑음	비

Here is the weather for the next couple of days. The sunny weather will continue through tomorrow. On Tuesday, it will be partly cloudy and sunny. When you go out on Wednesday, don't forget your umbrella. There may be some rain.

앞으로 며칠간 날씨입니다. 화창한 날씨는 내일까지 계속될 것입니다. 화요일에는 약간 흐리고 맑겠습니다. 수요일에 외출하실 때는 우산을 잊지 마세요. 비가 약간 내릴 수 있습니다.

continue 계속되다, 지속하다 **through** ~까지, 내내 **partly** 약간, 부분적으로 **umbrella** 우산

09

다음을 듣고, this가 가리키는 것이 무엇인지 고르세요.

① ski
② car
③ horse
④ bicycle

When I was young, my father showed me how to ride this. I once fell off this and hurt my knee. This has two wheels.

제가 어렸을 때, 아빠는 제게 이것을 타는 방법을 보여 주셨습니다. 저는 이전에 이것에서 떨어져 무릎을 다쳤습니다. 이것은 두 개의 바퀴를 가지고 있습니다.

ride 타다 **fall off** ~에서 떨어지다 **hurt** 다치다 **knee** 무릎 **wheel** 바퀴

10	대화를 듣고, 두 사람의 심정으로 알맞은 것을 고르세요. ① 후회 ② 안심 ③ 걱정 ④ 분노	W What time is it now? M It's already seven o'clock in the evening. W Michael usually comes home around five o'clock. M I know. Do you have his friends' phone numbers?	여 지금 몇 시예요? 남 벌써 저녁 7시예요. 여 Michael은 보통 5시쯤에 집에 오잖아요. 남 그러게요. 그 애 친구들의 전화번호를 갖고 있나요? **already** 벌써, 이미
11	다음을 듣고, Ruby가 잠을 자는 장소로 알맞은 곳을 고르세요. ① kitchen ② my room ③ living room ④ my parents' room	I have a dog called Ruby. Her doghouse is in the living room. My parents' room is right next to the living room. My room is next to the kitchen. Ruby sleeps on the bed in my room.	나는 Ruby라고 부르는 개를 키웁니다. Ruby의 개집은 거실에 있습니다. 저희 부모님 방은 거실 바로 옆에 있습니다. 내 방은 부엌 옆에 있습니다. Ruby는 내 방의 침대 위에서 잡니다. **called** (이름이) ~라고 부르는 **doghouse** 개집 **next to** ~의 옆에 **living room** 거실 **kitchen** 부엌
12	대화를 듣고, 대화 내용과 일치하지 <u>않는</u> 것을 고르세요. ① 남자는 바쁜 하루를 보냈다. ② 남자는 도서관에 갔었다. ③ 남자는 축구 연습하러 갔었다. ④ 남자는 집에서 공부했다.	W How was your day? M Not bad, Mom. W What did you do? M I had a busy day today. I went to the library. Then, I went to soccer practice.	여 오늘 어땠니? 남 나쁘지 않았어요, 엄마. 여 무얼 했는데? 남 오늘은 바쁜 하루였어요. 도서관에 갔었고요. 그러고 나서는 축구 연습에 갔어요. **library** 도서관
13	다음을 듣고, 두 사람의 대화가 자연스러운 것을 고르세요. ① ② ③ ④	① M Does Kyndra have a boyfriend? W Yes, she is. ② W What do you want to be? M I want to have a Coke. ③ M Who is your favorite singer? W I like to sing songs. ④ W Do you like movies? M Yes, I love them.	① 남 Kyndra에게 남자친구가 있니? 여 응, 맞아. ② 여 너는 뭐가 되고 싶니? 남 나는 콜라를 마시고 싶어. ③ 남 네가 가장 좋아하는 가수는 누구니? 여 나는 노래 부르는 것을 좋아해. ④ 여 너는 영화를 좋아하니? 남 응, 엄청 좋아해. **Coke** 콜라 **favorite** 가장 좋아하는

14	**대화를 듣고, Mike가 학교에 결석한 이유를 고르세요.** ① 병원에 입원해서 ✓ ② 아버지가 아프셔서 ③ 가족과 여행을 가서 ④ 수영 대회에 출전해서	W What happened to Mike? He is absent from school today. M Yes. I heard he is in the hospital. W What? What's wrong with him? M He hurt his back lifting weights at the gym. W Oh, that's too bad.	여 Mike에게 무슨 일 있었어? 그는 오늘 학교에 결석했던데. 남 응. 그가 병원에 입원 중이라고 들었어. 여 뭐? 그에게 무슨 일이 생긴 거야? 남 체육관에서 역기를 들다가 허리를 다쳤대. 여 아, 참 안됐구나. **absent** 결석한 **back** 허리, 등 **lift** 들어올리다 **weight** 역기
15	**대화를 듣고, 남자의 마지막 말에 이어질 여자의 말로 알맞은 것을 고르세요.** ① I don't either. ✓ ② It's really nice. ③ No, I was busy. ④ You're so lucky.	M Hi, Jennifer. How's the weather in Seoul? W It's raining today. M I don't like rain. W I don't either.	남 안녕, Jennifer. 서울의 날씨는 어떠니? 여 오늘은 비가 오고 있어. 남 난 비가 싫은데. 여 나도 싫어. ② 정말 좋구나. ③ 아니, 나는 바빴어. ④ 너는 정말 운이 좋구나. **either** (부정문에서) ~도 또한 (아니다)

REVIEW TEST p. 31

A
❶ full, 가득 찬 ❷ gym, 체육관 ❸ hurt, 다치다 ❹ wheel, 바퀴
❺ remember, 기억하다 ❻ umbrella, 우산 ❼ theater, 극장
❽ fall off, ~에서 떨어지다 ❾ hurry up, 서두르다 ❿ for the first time, 처음으로

B
❶ favorite singer ❷ will continue ❸ an hour early
❹ in the hospital ❺ is absent from ❻ lucky to have
❼ how to ride

TEST 05

p. 32

01 ③ 02 ① 03 ④ 04 ② 05 ④ 06 ④ 07 ② 08 ②
09 ② 10 ④ 11 ① 12 ② 13 ③ 14 ② 15 ②

	문제 및 정답	받아쓰기 및 녹음내용	해석
01	다음을 듣고, 빈칸에 알맞은 것을 고르세요. Can you turn on the ______? ① late ② little ③ light ④ right	Can you turn on the light?	불 좀 켜 주겠니? turn on (전기·가스·TV 등을) 켜다
02	다음을 듣고, 그림과 일치하는 것을 고르세요. ① ② ③ ④	① The woman is a pharmacist. ② The woman is a carpenter. ③ The woman is a secretary. ④ The woman is a photographer.	① 여자는 약사다. ② 여자는 목수다. ③ 여자는 비서다. ④ 여자는 사진사다. pharmacist 약사 carpenter 목수 secretary 비서 photographer 사진사
03	다음을 듣고, 그림과 일치하는 것을 고르세요. Mike Jimmy Tom John ① ② ③ ④	① Mike is playing on the slide. ② Jimmy is playing on the swing. ③ Tom is playing on the seesaw. ④ John is playing in the sand.	① Mike는 미끄럼틀을 타고 있다. ② Jimmy는 그네를 타고 있다. ③ Tom은 시소를 타고 있다. ④ John은 모래에서 놀고 있다. slide 미끄럼틀 swing 그네 seesaw 시소 sand 모래
04	다음을 듣고, 그림과 일치하는 것을 고르세요. ① ② ③ ④	① The bed is next to the chair. ② The pants are under the book. ③ The slippers are under the bed. ④ The cat is on the bed.	① 침대는 의자 옆에 있다. ② 바지는 책 아래에 있다. ③ 슬리퍼는 침대 아래에 있다. ④ 고양이는 침대 위에 있다. pants 바지 slippers 슬리퍼

05 질문을 듣고, 가장 알맞은 대답을 고르세요.

① I am so tired.
② I enjoyed the meal.
③ I'm looking for a pencil case.
④ My hobby is watching movies.

What's your hobby?

네 취미가 뭐니?

① 나 너무 피곤해.
② 맛있게 잘 먹었어.
③ 나는 필통을 찾고 있어.
④ 내 취미는 영화를 보는 거야.

hobby 취미 **meal** 식사 **look for** ~을 찾다, 구하다

06 대화를 듣고, 여자가 남자에게 부탁한 일로 알맞은 것을 고르세요.

① 청소하기
② 식사 준비하기
③ 집에 빨리 오기
④ 과일과 달걀 사기

W Hello?
M Hello. It's me. I'm on my way home right now. Do I need to buy any food?
W Please get some fruit and eggs.
M Okay. See you soon.

여 여보세요?
남 여보세요, 나예요. 지금 집에 가는 중이에요. 우리 음식 좀 사야 하나요?
여 과일하고 달걀 좀 사다 주세요.
남 알겠어요. 곧 갈게요.

on one's way 가는 중인

07 대화를 듣고, 남자가 지불해야 할 금액을 고르세요.

① $4
② $8
③ $16
④ $18

M I'm looking for a birthday present for my friend. Could you recommend something?
W Sure. How about this picture frame? It's on sale now.
M I think my friend would like it. How much is it?
W It's eight dollars with the discount.

남 제 친구에게 줄 생일 선물을 찾고 있어요. 추천해 주실 것이 있나요?
여 물론이죠. 이 액자는 어떤가요? 지금 세일 중이에요.
남 제 친구가 좋아할 것 같군요. 얼마인가요?
여 할인해서 8달러입니다.

recommend 추천하다, 권하다
picture frame 액자 **on sale** 할인 중인
discount 할인

08 다음을 듣고, 내일의 날씨로 알맞은 것을 고르세요.

① 비
② 눈
③ 흐림
④ 맑음

Today, the weather was cloudy and windy. It was a little cold. Tomorrow, it will be colder, and there will be heavy snow. Take your umbrella and gloves with you. I will be back at seven o'clock with a weather update. Now, it's time for the local news.

오늘 날씨가 흐리고 바람이 불었습니다. 조금 추웠습니다. 내일은 더 추워지겠으며 폭설이 오겠습니다. 우산과 장갑을 가지고 가세요. 저는 새로운 날씨 소식과 함께 7시에 다시 찾아 뵙겠습니다. 이제, 지역 뉴스 시간입니다.

heavy snow 폭설 **glove** 장갑
update 최신 정보 **local** 지역의, 현지의

09 다음을 듣고, I가 가리키는 것이 무엇인지 고르세요.

① cow
② rabbit
③ monkey
④ elephant

I have two big ears and eat grass. Many people know the famous story about me and the turtle.

저는 두 개의 큰 귀를 가지고 있고 풀을 먹습니다. 많은 사람들이 저와 거북이에 대한 유명한 이야기를 알고 있습니다.

grass 풀, 잔디 **famous** 유명한
turtle 거북이

10 대화를 듣고, 남자의 심정으로 알맞은 것을 고르세요.

① 미안함
② 지루함
③ 부러움
④ 불만스러움

M Mom, please help! Jason is drawing in my sketchbook.

W Why can't you be nicer to your brother? He is just five years old.

M You are always on his side. It's not fair.

W Oh, Jamie. That's not true. I love you and your brother equally.

남 엄마, 도와주세요! Jason이 제 스케치북에 그림을 그리고 있어요.

여 어째서 남동생한테 더 잘해 줄 수 없는 거니? 동생은 겨우 5살이잖니.

남 엄마는 항상 동생 편이에요. 불공평해요.

여 오, Jamie. 그건 아니란다. 엄마는 너나 네 동생을 똑같이 사랑해.

sketchbook 스케치북 **on one's side** ~의 편을 드는 **fair** 공평한 **equally** 똑같이, 공평히

11 대화를 듣고, 여자가 가고 있는 장소로 가장 알맞은 곳을 고르세요.

① school
② restaurant
③ fashion show
④ friend's home

M What a neat dress you're wearing today!

W Thank you.

M What's the special occasion?

W My friend. Susan, is playing the piano at the school concert. I am on my way there now.

남 오늘 네가 입은 드레스 정말 산뜻한데!

여 고마워.

남 무슨 특별한 날이야?

여 내 친구 Susan이 학교 음악회에서 피아노를 연주해. 난 지금 그곳으로 가는 중이야.

neat 산뜻한, 말쑥한 **special** 특별한 **occasion** (특정한) 때, 경우

12 대화를 듣고, 대화 내용과 일치하는 것을 고르세요.

① 남자는 Sandy와 영화를 볼 것이다.
② 남자는 Sandy와 도서관에 갈 것이다.
③ 남자는 Sandy와 버스를 기다리고 있다.
④ 남자는 도서관에 가기 위해 버스를 기다리고 있다.

W Luke, what are you doing here?

M I'm waiting for Sandy.

W What are you going to do with her?

M We're going to the library.

여 Luke, 여기서 뭐 하고 있니?

남 Sandy를 기다리고 있어.

여 Sandy와 무얼 할 건데?

남 우리는 도서관에 갈 거야.

wait for ~을 기다리다

13 다음을 듣고, 두 사람의 대화가 어색한 것을 고르세요.

① ② ③ ④

① W When were you born?
M I was born in 2012.

② M How often do you do exercise?
W Every other day.

③ W Do you like playing tennis?
M Yes, I am flying.

④ M How can I get to the post office?
W Turn right at the corner and go straight two blocks.

① 여 너는 언제 태어났니?
남 나는 2012년에 태어났어.

② 남 너는 얼마나 자주 운동을 하니?
여 이틀에 한 번 해.

③ 여 너는 테니스 치는 것을 좋아하니?
남 응, 나는 날고 있어.

④ 남 우체국에 어떻게 갈 수 있나요?
여 모퉁이에서 오른쪽으로 돌아서 두 블록을 곧장 가세요.

born 태어난 **often** 자주, 종종 **exercise** 운동 **every other day** 이틀마다, 하루걸러

14	**대화를 듣고, 여자가 기운이 없어 보이는 이유를 고르세요.** ① 몸이 아파서 ② 스트레스를 받아서 ③ 점심을 먹지 않아서 ④ 슬픈 소식을 들어서	M Is something wrong, Holly? W Why do you ask? M Well, you look depressed or something. W No, no. I'm okay. I'm just kind of stressed today. That's all. M Busy, huh? W Yeah. It seems like this day will never end.	남 무슨 일 있어, Holly? 여 왜 물어보는데? 남 글쎄, 너는 기운이 없어 보이거나 좀 그래 보여. 여 아니, 아니야. 나는 괜찮아. 오늘은 스트레스를 좀 받았을 뿐이야. 그게 다야. 남 바쁘구나, 그렇지? 여 맞아. 오늘이 결코 끝나지 않을 것 같아. **depressed** 기운이 없는, 우울한 **kind of** 조금, 약간 **stressed** 스트레스를 받는 **seem like** ~인 것 같다
15	**대화를 듣고, 남자의 마지막 말에 이어질 여자의 말로 알맞은 것을 고르세요.** ① Don't worry. ② I like singing. ③ You're welcome. ④ I'd like to have some more.	W What are you interested in? M I enjoy playing soccer. How about you? W I like singing.	여 너는 무엇에 관심이 있니? 남 난 축구 하는 것을 즐겨. 너는 어때? 여 나는 노래 부르는 것을 좋아해. ① 걱정 마. ② 천만에. ④ 좀 더 먹고 싶어.

REVIEW TEST p. 37

A
❶ fair, 공평한 ❷ grass, 풀, 잔디 ❸ local, 지역의, 현지의 ❹ depressed, 기운이 없는, 우울한
❺ photographer, 사진사 ❻ occasion, (특정한) 때, 경우 ❼ recommend, 추천하다, 권하다
❽ on sale, 할인 중인 ❾ seesaw, 시소 ❿ every other day, 이틀마다, 하루걸러

B
❶ turn on ❷ next to ❸ corner, straight
❹ are, interested in ❺ on his side ❻ on my way home
❼ colder, heavy snow

TEST 06 p. 38

01 ④ 02 ② 03 ② 04 ③ 05 ② 06 ① 07 ③ 08 ②
09 ③ 10 ④ 11 ② 12 ③ 13 ④ 14 ③ 15 ③

	문제 및 정답	받아쓰기 및 녹음내용	해석
01	다음을 듣고, 빈칸에 알맞은 것을 고르세요. ______ like your job? ① Do you ② Did you ③ Don't you ④ Didn't you	Didn't you like your job?	넌 네 일을 좋아하지 않았니? **job** 일, 직업
02	다음을 듣고, 그림과 일치하는 것을 고르세요. ① ② ③ ④	① The man is running down the stairs. ② The man is going up the stairs. ③ The man is walking down the stairs. ④ The man is sitting on the stairs.	① 남자는 계단을 뛰어 내려가고 있다. ② 남자는 계단을 올라가고 있다. ③ 남자는 계단을 걸어 내려가고 있다. ④ 남자는 계단에 앉아 있다. **stairs** 계단
03	다음을 듣고, 그림과 일치하는 것을 고르세요. ① ② ③ ④	① It's six thirty in the morning. ② It's seven thirty in the morning. ③ It's eight o'clock in the evening. ④ It's seven forty in the evening.	① 아침 6시 30분이다. ② 아침 7시 30분이다. ③ 저녁 8시이다. ④ 저녁 7시 40분이다.
04	다음을 듣고, 그림과 일치하는 것을 고르세요. ① ② ③ ④	① The girl is wrapping a gift. ② The girl is sweeping the floor. ③ The boy is reaching out for the tree. ④ The boy is climbing the tree.	① 여자아이는 선물을 포장하고 있다. ② 여자아이는 바닥을 쓸고 있다. ③ 남자아이는 나무 쪽으로 손을 뻗고 있다. ④ 남자아이는 나무에 오르고 있다. **wrap** 포장하다 **sweep** (먼지 등을) 쓸다, 청소하다 **floor** 바닥, 마루 **reach out for** ~쪽으로 손을 뻗다

05	질문을 듣고, 가장 알맞은 대답을 고르세요. ① I am very tired. ② That's right. I am. ③ Yes, I was born in Canada. ④ I will get off at the next stop.	Are you going to Canada next month?	너는 다음 달에 캐나다에 가니? ① 나는 너무 피곤해. ② 맞아. 응. ③ 응, 나는 캐나다에서 태어났어. ④ 나는 다음 정류장에서 내릴 거야. **get off** 내리다
06	대화를 듣고, 두 사람이 무엇에 대해 이야기하고 있는지 고르세요. ① 휴가 계획 ② 휴가 기간 ③ 한국의 여름 ④ 남자의 부모님	M What are you going to do this summer vacation? W My husband and I will visit my parents in Korea. M When was the last time you saw them? W It was almost a year ago.	남 이번 여름 휴가 때 뭘 할 거니? 여 남편과 나는 한국에 계신 부모님을 방문할 거야. 남 그분들을 마지막으로 본 것이 언제였어? 여 거의 1년 전이야. **vacation** 방학, 휴가 **husband** 남편 **visit** 방문하다
07	대화를 듣고, 현재 시각을 고르세요. ① 5시 ② 6시 ③ 9시 ④ 10시	M I have to go now. I've been here for five hours. W Really? It's already nine o'clock. M I wish I could stay here longer, but I must finish my homework. W I hope you had a good time with us.	남 난 지금 가야 해. 내가 5시간 동안 여기에 있었네. 여 정말? 벌써 9시네. 남 여기에 더 오래 있을 수 있다면 좋겠지만, 나는 숙제를 끝내야만 해. 여 난 네가 우리와 좋은 시간을 보냈기를 바라. **wish** ~이면 좋겠다 **stay** 계속 있다, 머물다
08	대화를 듣고, 현재 날씨로 알맞은 것을 고르세요. ① 맑음 ② 비 ③ 눈 ④ 안개	W It's kind of chilly in here. What is the weather like outside? M It's pouring. W Really? I didn't know that. Then I should drive to the supermarket instead of walking there. M Yes, but you should drive slowly.	여 여기는 약간 쌀쌀하네. 바깥의 날씨는 어때? 남 비가 퍼붓고 있어. 여 정말? 그건 몰랐는데. 그렇다면 걷는 대신에 차를 끌고 슈퍼마켓에 가야겠네. 남 그래, 하지만 천천히 운전해야 해. **chilly** 쌀쌀한, 추운 **pour** (비가) 퍼붓다 **instead of** ~ 대신에
09	다음을 듣고, it이 가리키는 것이 무엇인지 고르세요. ① letter ② computer ③ smartphone ④ digital camera	Wherever I go, I can receive calls from people. I can take pictures with it and send messages on it. It is small, and I can keep it in my pocket.	어디를 가든지, 저는 사람들로부터 전화를 받을 수 있습니다. 저는 이것으로 사진을 찍을 수 있고 메시지를 보낼 수도 있습니다. 이것은 작아서 제 주머니에도 넣을 수 있습니다. **wherever** 어디든지 **receive** 받다 **pocket** 주머니

10 대화를 듣고, 여자의 심정으로 알맞은 것을 고르세요.

① 걱정
② 슬픔
③ 미안함
④ 화가 남

W Can you take out the garbage now?
M I will do that after I finish my homework.
W You always say that, but you never do it. Please do it now.
M Okay. I'll do it right now.

여 지금 이 쓰레기 좀 버려 주겠니?
남 숙제 끝내고 할게요.
여 넌 항상 그렇게 말하지만 한 번도 하지 않잖니. 지금 해 주렴.
남 알겠어요. 지금 바로 할게요.

take out ~을 들고 나가다, 치우다
garbage 쓰레기

11 대화를 듣고, 두 사람이 대화하는 장소로 가장 알맞은 곳을 고르세요.

① home
② school
③ restaurant
④ flower shop

W Nice job! Now the classroom is so clean.
M Thanks a lot. We did our best.
W You guys cleaned the board and windows well.
M I'm happy you like it.

여 잘했어! 이제 교실이 아주 깨끗해졌네.
남 정말 감사합니다. 우린 최선을 다했어요.
여 너희들은 칠판과 창문을 잘 닦아 놓았구나.
남 마음에 들어 하시니 기뻐요.

do one's best 최선을 다하다

12 대화를 듣고, 대화 내용과 일치하지 않는 것을 고르세요.

① 여자는 Peter가 똑똑하다고 생각한다.
② 여자는 Peter가 게으르다고 생각한다.
③ Peter는 숙제를 항상 한다.
④ Peter는 모든 사람에게 친절하다.

M What do you think about Peter?
W I like Peter. He is very smart. But he is very lazy.
M Yeah, he often doesn't do his homework.
W But he's kind to everyone. That's why I like him.

남 Peter에 대해 어떻게 생각하니?
여 난 Peter가 좋아. 그는 매우 똑똑해. 그런데 아주 게으르기도 해.
남 그래, 그는 종종 숙제를 안 하지.
여 하지만 그는 모두에게 친절해. 그게 내가 그를 좋아하는 이유야.

smart 똑똑한 **lazy** 게으른
That's why ~ 그것이 ~한 이유이다

13 다음을 듣고, 두 사람의 대화가 자연스러운 것을 고르세요.

① ② ③ ④

① M What is your favorite subject?
W No, I don't.
② W May I ask who is calling?
M Please call me later.
③ M I have a stomachache.
W I am glad to hear that.
④ W How many classes are you taking this semester?
M I am taking five classes.

① 남 네가 가장 좋아하는 과목이 뭐니?
여 아니요.
② 여 누구신지 물어봐도 될까요?
남 제게 나중에 전화 주세요.
③ 남 난 배가 아파.
여 그 말을 들으니 기쁘다.
④ 여 너는 이번 학기에 몇 과목을 듣니?
남 다섯 과목을 듣고 있어.

subject 과목, 주제 **later** 나중에
stomachache 복통 **semester** 학기

14	**대화를 듣고, 남자가 여자에게 문자메시지를 보낸 의도를 고르세요.** ① 충고 ② 칭찬 ③ 격려 ④ 사과	W Hello, Sean. It's Donna. I am calling about your text message. M Oh, I don't usually write things like that, but you seemed down lately. W Thanks for your message. It was so nice of you to send it. Your message really cheered me up. M What are friends for?	여 안녕, Sean. 나 Donna야. 네 문자 메시지 때문에 전화했어. 남 아, 난 보통 그런 식으로 쓰지 않는데, 네가 최근에 의기소침한 것 같아서. 여 네 메시지 고마워. 그거 보내 줘서 정말 좋았어. 네 메시지는 정말 내게 격려가 되었어. 남 친구 좋다는 게 뭐니? **call about** ~일로 전화를 걸다 **seem** ~처럼 보이다, ~인 듯 하다 **down** 의기소침한 **lately** 최근에 **cheer up** ~을 격려하다 **What are friends for?** 친구 좋다는 게 뭐니?
15	**대화를 듣고, 남자의 마지막 말에 이어질 여자의 말로 알맞은 것을 고르세요.** ① Here you go. ② Okay. That'll be $10. ③ I'll have orange juice. ④ Great. I'll be right back.	M Are you ready to order? W Yes, I'd like to have spaghetti and meatballs. M Anything to drink? W I'll have orange juice.	남 주문할 준비가 되셨나요? 여 네, 스파게티와 미트볼로 주세요. 남 마실 것은요? 여 오렌지 주스로 할게요. ① 여기 있습니다. ② 네. 10달러입니다. ④ 좋습니다. 곧 갖고 오겠습니다. **spaghetti** 스파게티 **meatball** 고기완자, 미트볼

REVIEW TEST p. 43

A ❶ lazy, 게으른 ❷ wrap, 포장하다 ❸ chilly, 쌀쌀한, 추운 ❹ receive, 받다 ❺ garbage, 쓰레기 ❻ vacation, 방학, 휴가 ❼ semester, 학기 ❽ stomachache, 복통 ❾ instead of, ~ 대신에 ❿ reach out for ~, 쪽으로 손을 뻗다

B ❶ What is the weather like ❷ That's why ❸ favorite subject ❹ ready to order ❺ sweeping the floor ❻ wish, stay, longer ❼ going up, stairs

TEST 07

p. 44

01 ④ 02 ③ 03 ③ 04 ① 05 ③ 06 ③ 07 ③ 08 ④
09 ④ 10 ② 11 ③ 12 ② 13 ④ 14 ② 15 ③

	문제 및 정답	받아쓰기 및 녹음내용	해석
01	다음을 듣고, 빈칸에 알맞은 것을 고르세요. My husband ____________. ① ever tell lies ② ever tells lies ③ never tell lies ④ never tells lies	My husband never tells lies.	내 남편은 절대 거짓말을 하지 않는다. lie 거짓말
02	다음을 듣고, 그림과 일치하는 것을 고르세요. ① ② ③ ④	① The boy is catching the mouse. ② The boy is touching the crab. ③ The boy is feeding the chicken. ④ The boy is eating the shrimp.	① 남자아이는 쥐를 잡고 있다. ② 남자아이는 게를 만지고 있다. ③ 남자아이는 닭에게 모이를 주고 있다. ④ 남자아이는 새우를 먹고 있다. catch 잡다 mouse 쥐 touch 만지다 crab 게 chicken 닭 shrimp 새우
03	다음을 듣고, 그림과 일치하는 것을 고르세요. ① ② ③ ④	① My sister's birthday is on September 13. ② My sister's birthday is on October 13. ③ My sister's birthday is on September 12. ④ My sister's birthday is on November 12.	① 누나의 생일은 9월 13일이다. ② 누나의 생일은 10월 13일이다. ③ 누나의 생일은 9월 12일이다. ④ 누나의 생일은 11월 12일이다. September 9월 October 10월 November 11월
04	다음을 듣고, 그림과 일치하는 것을 고르세요. ① ② ③ ④	① The man is relaxing on the grass. ② The girls are playing with the ball. ③ The dog is fighting with a cat. ④ The boy is riding a bike.	① 남자는 풀밭에서 쉬고 있다. ② 여자아이들은 공을 가지고 놀고 있다. ③ 개는 고양이와 싸우고 있다. ④ 남자아이는 자전거를 타고 있다. relax 쉬다 fight 싸우다

05	질문을 듣고, 가장 알맞은 대답을 고르세요. ① It is a hot day. ② I like America. ③ About six months. ④ On February 4, 2022.	How long are you going to stay in America?	미국에 얼마나 오랫동안 머무를 예정이니? ① 더운 날이야. ② 나는 미국을 좋아해. ③ 6개월 정도. ④ 2022년 2월 4일에. **how long** 얼마나 오랫동안
06	대화를 듣고, 두 사람이 무엇에 대해 이야기하고 있는지 고르세요. ① 수업 ② 직업 ③ 성적표 ④ 시험 공부	M My grades are so bad. I can't show my report card to my parents. W Let me see it. I don't think these are so bad. M Do you really think so? W Yes, you did your best, and they know it. You will do a better job the next time.	남 내 성적이 정말 나빠. 난 우리 부모님께 성적표를 보여드릴 수가 없어. 여 어디 한번 보자. 그렇게 나쁘지는 않은 것 같은데. 남 정말로 그렇게 생각해? 여 응, 넌 최선을 다했고 부모님도 그걸 아시잖아. 다음 번에는 더 잘할 거야. **grade** 성적, 학점 **report card** 성적표
07	대화를 듣고, 여자가 지불해야 할 금액을 고르세요. ① $7 ② $12 ③ $14 ④ $15	M It's already a quarter after nine. We should get tickets now. W Okay. How much are they? M They are seven dollars each. W Let me treat you this time.	남 벌써 9시 15분이네. 우리 이제 티켓을 끊어야겠어. 여 알았어. 얼마야? 남 장당 7달러야. 여 이번에는 내가 살게. **each** 각각(의) **treat** 대접하다, 한턱 내다
08	다음을 듣고, 동부 지역의 날씨로 알맞은 것을 고르세요. ① 춥고 비 ② 맑고 화창함 ③ 바람 불고 선선함 ④ 따뜻하고 약간 흐림	Here is today's weather on *Channel 5 News*. It's going to be cold with heavy rain on the north side. The south is going to be sunny with clear skies. On the east side of the country, it will be warm and partly cloudy.	<채널5 뉴스>의 오늘의 날씨입니다. 북부 지역은 폭우와 함께 추워지겠습니다. 남부 지역은 맑은 하늘과 더불어 화창할 것입니다. 동부 지역은 따뜻하고 약간 흐리겠습니다. **heavy rain** 폭우 **side** 쪽, 측
09	다음을 듣고, this가 가리키는 것이 무엇인지 고르세요. ① map ② book ③ ticket ④ camera	I brought this on our trip to Jeju Island. I took pictures of my family with this.	저는 제주도로 여행 갈 때 이것을 가지고 갔습니다. 저는 이것으로 우리 가족의 사진을 찍었습니다. **bring** 가지고 가다

10 대화를 듣고, 여자의 심정으로 알맞은 것을 고르세요.

① lonely
② proud
③ surprised
④ depressed

M Oh, what a cute baby! How old is she?
W She's seven months old.
M She has such a cute little smile.
W Thank you. She is such a joy.

남 오, 아기가 참 귀여워요! 몇 살이에요?
여 7개월 됐어요.
남 아기가 정말 귀엽고 앙증맞은 웃음을 가졌네요.
여 고마워요. 아기는 큰 기쁨이죠.

smile 웃음 **joy** 기쁨

11 대화를 듣고, 두 사람이 대화하는 장소로 가장 알맞은 곳을 고르세요.

① bakery
② kitchen
③ restaurant
④ grocery store

W May I take your order, sir?
M Sure. I am starving. I would like the mushroom soup and onion rings.
W Would you like anything else?
M Yes, I want one piece of cheesecake, too.

여 주문하시겠습니까, 손님?
남 네. 배가 몹시 고프군요. 버섯 수프와 어니언 링을 주세요.
여 뭐 다른 것도 필요하세요?
남 네, 치즈 케이크 한 조각도 주세요.

starve 몹시 배고프다 **mushroom** 버섯
else 그 밖의, 다른 **piece** 조각

12 대화를 듣고, 대화 내용과 일치하는 것을 고르세요.

① 남자가 창문을 깼다.
② 건물 안에 비디오 카메라가 있다.
③ 여자는 비상구를 통해 밖으로 나갔다.
④ 여자는 남자에게 비디오를 찍어 달라고 했다.

W Who broke the window next to the door?
M I don't know.
W Is there a video camera in this building?
M Yes, there is.
W That's good. I'll check the video recording then.

여 누가 문 옆의 창문을 깼나요?
남 모르겠는데요.
여 이 건물에 비디오 카메라가 있나요?
남 네, 있어요.
여 좋아요. 그럼 제가 녹화 영상을 살펴 볼게요.

break 깨다, 부수다 **building** 건물 **check** 살피다, 확인하다 **video recording** 녹화 영상

13 다음을 듣고, 두 사람의 대화가 어색한 것을 고르세요.

① ② ③ ④

① W I am very sorry that I couldn't help you.
M That's okay. I know you were busy.
② M When is the next train to L.A.?
W It leaves at five.
③ W What do you usually do in your free time?
M I usually play computer games.
④ M When does the movie begin?
W At my school.

① 여 제가 당신을 도와드리지 못해서 정말 죄송합니다.
남 괜찮습니다. 전 당신이 바빴다는 걸 알아요.
② 남 L.A.에 가는 다음 기차는 언제 있나요?
여 5시에 떠납니다.
③ 여 넌 여가 시간에 보통 뭘 하니?
남 난 보통 컴퓨터 게임을 해.
④ 남 영화는 언제 시작해?
여 우리 학교에서 해.

begin 시작하다

14 대화를 듣고, Meg가 학교에서 보이지 않는 이유를 고르세요.

① 요양하러 시골에 갔다.
② 공부하러 캐나다에 갔다.
③ 다쳐서 병원에 입원해 있다.
④ 캐나다에 있는 어머니를 만나러 갔다.

W Does anybody know why Meg has not been in school lately?
M She's gone to Canada with her mom.
W Really? When is she going to be back?
M She will be gone for a year. She is going to study there.

여 Meg가 최근에 학교에서 보이지 않는 이유를 아는 사람 있니?
남 그녀는 어머니랑 캐나다에 갔어.
여 정말? 그녀가 언제 돌아오는데?
남 그녀는 일 년 동안 가 있을 거야. 거기서 공부할 거래.

15 대화를 듣고, 남자의 마지막 말에 이어질 여자의 말로 알맞은 것을 고르세요.

① I like summer.
② I really enjoyed it.
③ I want to be a flight attendant.
④ My favorite sport is basketball.

W What do you want to be, Paul?
M I want to take care of sick animals.
W You want to be a vet, don't you?
M Yes, I do. What about you?
W I want to be a flight attendant.

여 어떤 사람이 되고 싶니, Paul?
남 난 아픈 동물들을 돌보고 싶어.
여 넌 수의사가 되길 원하는구나, 그렇지 않니?
남 응, 맞아. 너는 어때?
여 난 승무원이 되고 싶어.

① 나는 여름을 좋아해.
② 정말 즐거웠어.
④ 내가 가장 좋아하는 운동은 야구야.

take care of ~을 돌보다 **vet** 수의사
flight attendant (비행기) 승무원

REVIEW TEST p. 49

A ❶ shrimp, 새우 ❷ catch, 잡다 ❸ September, 9월 ❹ mushroom, 버섯 ❺ treat, 대접하다, 한턱 내다 ❻ starve, 몹시 배고프다 ❼ begin, 시작하다 ❽ take care of, ~을 돌보다 ❾ report card, 성적표 ❿ heavy rain, 폭우

B ❶ feeding, chicken ❷ relaxing, grass ❸ quarter after nine ❹ tells lies ❺ vet, don't you ❻ broke the window ❼ took pictures

TEST 08 p. 50

01 ④ 02 ③ 03 ② 04 ③ 05 ④ 06 ④ 07 ① 08 ①
09 ④ 10 ④ 11 ④ 12 ④ 13 ② 14 ② 15 ③

	문제 및 정답	받아쓰기 및 녹음내용	해석
01	다음을 듣고, 빈칸에 알맞은 것을 고르세요. Jason ____________ go to Church when he was young. ① used ② use to ③ uses to ④ used to	Jason used to go to church when he was young.	Jason은 어렸을 때 교회에 다니곤 했다. used to ~하곤 했다 church 교회
02	다음을 듣고, 그림과 일치하는 것을 고르세요. ① ② ③ ④	① The woman is buying a backpack. ② The woman is borrowing books. ③ The woman is drawing boxes. ④ The woman is baking bread.	① 여자는 배낭을 사고 있다. ② 여자는 책을 빌리고 있다. ③ 여자는 상자들을 그리고 있다. ④ 여자는 빵을 굽고 있다. backpack 배낭 borrow 빌리다 bake 굽다
03	다음을 듣고, 그림과 일치하는 것을 고르세요. SEOUL BUSAN ① ② ③ ④	① It is cloudy in Seoul, and it is foggy in Busan. ② It is sunny in Seoul, and it is rainy in Busan. ③ It is rainy in Seoul, and it is windy in Busan. ④ It is foggy in Seoul, and it is snowy in Busan.	① 서울은 흐리고, 부산은 안개가 꼈다. ② 서울은 맑고, 부산은 비가 온다. ③ 서울은 비가 오고, 부산은 바람이 분다. ④ 서울은 안개가 끼고, 부산은 눈이 온다.
04	다음을 듣고, 그림과 일치하는 것을 고르세요. ① ② ③ ④	① The watch is next to the ball. ② The bag is behind the ball. ③ The watch is between the vase and the bag. ④ The bag is in front of the vase.	① 시계는 공 옆에 있다. ② 가방은 공 뒤에 있다. ③ 시계는 화병과 가방 사이에 있다. ④ 가방은 화병 앞에 있다. watch (손목)시계 between A and B A와 B 사이에 vase 화병

05 질문을 듣고, 가장 알맞은 대답을 고르세요.

① I see you there.
② I am eating an apple.
③ Your plan sounds great.
④ I am going to study English.

What are your plans for this year?

올해 네 계획은 무엇이니?

① 거기서 봐.
② 나는 사과를 먹고 있어.
③ 정말 좋은 계획인 것 같아.
④ 나는 영어를 공부할 거야.

06 대화를 듣고, 두 사람이 무엇에 대해 이야기하고 있는지 고르세요.

① 손
② 1월
③ 전화기
④ 전화 요금

W What do you have in your hand?
M The telephone bill for January.
W How much is it?
M Almost 40 dollars. That is a lot more than I thought it would be.

여 손에 들고 있는 것이 뭐니?
남 1월 전화 요금 청구서야.
여 얼마나 돼?
남 거의 40달러야. 내가 생각했던 것보다 훨씬 더 나왔네.

bill 청구서, 고지서

07 대화를 듣고, 현재 시각을 고르세요.

① 9시 11분
② 10시 51분
③ 11시
④ 11시 9분

M Excuse me. Do you have the time?
W Sorry. I'm busy now.
M Pardon me? I mean, what time is it now?
W Oops. It's eleven past nine.

남 실례합니다만, 지금 몇 시인가요?
여 죄송합니다. 저는 지금 바빠요.
남 뭐라고 하셨죠? 제 말은, 지금 몇 시냐고요?
여 어머. 9시 11분이에요.

Pardon me? 뭐라고 하셨죠? **mean** ~의 뜻으로 말하다 **past** (몇 시가) 지나

08 다음을 듣고, 내일의 날씨로 알맞은 것을 고르세요.

① 춥고 비
② 약간 흐림
③ 맑고 따뜻함
④ 바람 불고 따뜻함

Good evening from *Channel 2 Weather News*. Right now, it's sunny, but it's going to be partly cloudy tonight. It will be cold and rainy tomorrow. Make sure to take your umbrella when you go out. On the weekend, it'll be warm and windy.

안녕하세요, <채널2 일기 예보>입니다. 지금은 화창하나 오늘 밤은 흐릴 것입니다. 내일은 춥고 비가 오겠습니다. 외출할 때는 우산을 꼭 가져 가세요. 주말에는 따뜻하고 바람이 불 것입니다.

make sure to 꼭 ~하도록 하다
weekend 주말

09 다음을 듣고, this season이 가리키는 것이 무엇인지 고르세요.

① spring
② summer
③ fall
④ winter

I love this season because I can go sledding and build a snowman.

저는 썰매를 타러 가고 눈사람을 만들 수 있기 때문에 이 계절을 정말 좋아합니다.

season 계절 **sled** 썰매를 타다
snowman 눈사람

10 대화를 듣고, 두 사람의 심정으로 알맞은 것을 고르세요.

① 걱정
② 실망
③ 그리움
④ 반가움

W Long time, no talk!
M How have you been?
W I have been great. How about you?
M I have been great, too. Are you taking this gym class as well?
W Yes. I am glad that we are taking the same class.

여 오랜만이야!
남 어떻게 지냈어?
여 잘 지냈어. 너는?
남 나도 잘 지냈어. 너도 이 체육 수업을 듣는 거야?
여 응, 우리가 같은 수업을 듣게 돼서 기뻐.

Long time, no talk! 오랜만이야!
as well 또한, 역시

11 대화를 듣고, 두 사람이 대화하는 장소로 가장 알맞은 곳을 고르세요.

① hospital
② ticket office
③ clothing store
④ lost and found

W How may I help you?
M I lost my backpack. Did anyone turn one in by any chance?
W Well... What does it look like?
M It's round and green.
W Sorry. We don't have one like that.

여 무엇을 도와드릴까요?
남 제 배낭을 잃어버렸어요. 혹시 누군가가 돌려주었나요?
여 음… 배낭이 어떻게 생겼나요?
남 그것은 둥글고 초록색이에요.
여 죄송합니다. 그렇게 생긴 것은 없습니다.

turn in ~을 돌려주다 **by any chance** 혹시
look like ~처럼 보이다 **lost and found** 분실물 보관소

12 대화를 듣고, 대화 내용과 일치하는 것을 고르세요.

① 남자는 케이크를 싫어한다.
② 케이크에는 소금이 들어간다.
③ 케이크에는 달걀이 들어가지 않는다.
④ 남자는 케이크 만드는 방법을 배우고 싶어 한다.

M Honey, this chocolate cake is delicious.
W I'm glad you like it.
M What's in it?
W Milk, flour, eggs, sugar, and chocolate.
M Please teach me how to make it.

남 여보, 이 초콜릿 케이크 맛있네요.
여 당신이 좋아해서 기뻐요.
남 케이크에 뭐가 들어갔나요?
여 우유, 밀가루, 계란, 설탕, 그리고 초콜릿이요.
남 그걸 만드는 방법 좀 가르쳐 줘요.

delicious 맛있는 **flour** 밀가루
chocolate 초콜릿

13 다음을 듣고, 두 사람의 대화가 자연스러운 것을 고르세요.

① ② ③ ④

① M Where did you buy your water bottle?
W It was on sale.
② W How do you want to send this?
M By registered mail, please.
③ M Where is the cafeteria?
W Yeah, I just ate.
④ W How long have you studied here?
M I have studied biology.

① 남 네 물병을 어디서 샀어?
여 그건 할인 중이었어.
② 여 이것을 어떻게 보내시겠어요?
남 등기 우편으로 보내 주세요.
③ 남 구내식당이 어디에 있습니까?
여 네, 방금 먹었어요.
④ 여 얼마나 오랫동안 여기서 공부했어?
남 난 생물학을 공부했어.

water bottle 물병 **registered mail** 등기 우편 **cafeteria** 구내식당 **biology** 생물학

14 대화를 듣고, 두 사람이 달려간 이유를 고르세요.

① 약속 시간을 지키기 위해서
② 마지막 지하철을 타기 위해서
③ 등교 시간에 늦지 않기 위해서
④ 병원에 제때에 도착하기 위해서

M Hurry up! Otherwise, we will miss the last subway.

W I am trying, but I can't run anymore. My side aches.

M Come on. Run! You can do it. Take my hand. Look over there. Here comes the subway.

W Whew, I am glad we made it.

남 서둘러! 그렇지 않으면, 우리는 마지막 지하철을 놓칠 거야.

여 나도 노력 중인데, 더 이상은 못 달리겠어. 옆구리가 아파.

남 어서. 뛰어! 넌 할 수 있어. 내 손을 잡아. 저기를 봐. 지하철이 와.

여 휴, 도착해서 다행이야.

otherwise 그렇지 않으면 **miss** 놓치다
anymore 더 이상은 **side** 옆구리
ache 아프다, 쑤시다 **make it** (어떤 일을) 해내다, (시간 맞춰) 도착하다

15 대화를 듣고, 여자의 마지막 말에 이어질 남자의 말로 알맞은 것을 고르세요.

① Never mind.
② I need some rest.
③ That's a great idea.
④ You're running too fast.

M What did you do over the weekend?

W I just watched TV and slept all weekend.

M That's not good for your health.

W I know. I'll get some exercise.

M That's a great idea.

남 주말 동안 무얼 했니?

여 그냥 주말 내내 텔레비전을 보고 잠잤어.

남 그건 네 건강에 좋지 않아.

여 나도 알아. 운동을 좀 해야겠어.

남 정말 좋은 생각이야.

① 신경 쓰지 마.
② 나는 휴식이 좀 필요해.
④ 너는 너무 빨리 달리고 있어.

health 건강

REVIEW TEST p. 55

A

❶ weekend, 주말 ❷ borrow, 빌리다 ❸ bill, 청구서, 고지서 ❹ biology, 생물학
❺ flour, 밀가루 ❻ sled, 썰매를 타다 ❼ cafeteria, 구내식당 ❽ look like, ~처럼 보이다
❾ make it, (어떤 일을) 해내다, (시간 맞춰) 도착하다 ❿ by any chance, 혹시

B

❶ baking bread ❷ Otherwise, miss ❸ between, and
❹ your plans for ❺ how to make ❻ Make sure to
❼ used to go

TEST 09 p. 56

01 ② 02 ① 03 ③ 04 ④ 05 ② 06 ③ 07 ② 08 ②
09 ④ 10 ④ 11 ③ 12 ① 13 ① 14 ③ 15 ①

	문제 및 정답	받아쓰기 및 녹음내용	해석
01	다음을 듣고, 빈칸에 알맞은 것을 고르세요. Emma gave her _______ to the elderly lady. ① site ② seat ③ shirt ④ sheet	Emma gave her seat to the elderly lady.	Emma는 노부인에게 자신의 자리를 양보했다. **give one's seat to** ~에게 자리를 양보하다 **elderly** 연세가 드신
02	다음을 듣고, 그림과 일치하는 것을 고르세요. ① ② ③ ④	① They are shaking hands with each other. ② They are washing the dishes. ③ They are shaking their heads. ④ They are jumping rope.	① 그들은 서로 악수를 하고 있다. ② 그들은 설거지를 하고 있다. ③ 그들은 머리를 흔들고 있다. ④ 그들은 줄넘기를 하고 있다. **shake hands with** ~와 악수하다 **wash the dishes** 설거지하다 **jump rope** 줄넘기하다
03	다음을 듣고, 그림과 일치하는 것을 고르세요. ① ② ③ ④	① There are three apples on the box. ② There are four apples by the box. ③ There are three apples in the box. ④ There are four apples under the box.	① 상자 위에 사과가 3개 있다. ② 상자 옆에 사과가 4개 있다. ③ 상자 안에 사과가 3개 있다. ④ 상자 아래에 사과가 4개 있다.
04	다음을 듣고, 그림과 일치하는 것을 고르세요. ① ② ③ ④	① The son is looking out the window. ② The daughter is putting on her socks. ③ The father is listening to the radio. ④ The mother is vacuuming the carpet.	① 아들은 창밖을 보고 있다. ② 딸은 양말을 신고 있다. ③ 아버지는 라디오를 듣고 있다. ④ 어머니는 카펫을 진공청소기로 청소하고 있다. **put on** ~을 신다[입다] **socks** 양말 **vacuum** 진공청소기로 청소하다

05 다음을 듣고, 가장 알맞은 응답을 고르세요.

① Stop it!
② Good luck!
③ Watch out!
④ You're welcome.

Please wish me luck!

내게 행운을 빌어 줘!

① 그만 좀 해!
② 행운을 빌어!
③ 조심해!
④ 천만에.

luck 행운

06 대화를 듣고, 대화 내용과 일치하지 않는 것을 고르세요.

① 남자가 커피를 살 것이다.
② 여자는 커피 살 돈이 없다.
③ 커피 값은 각자 계산할 것이다.
④ 여자는 커피를 마시고 싶어 한다.

M What do you want?
W I want some coffee, but I don't have enough money.
M No problem. I'll buy this time, and you buy the next time.
W Sounds good.

남 무얼 원하니?
여 커피를 좀 마시고 싶은데, 돈이 충분치 않아.
남 걱정 마. 이번에는 내가 살 테니까 다음에 네가 사.
여 좋아.

enough 충분한

07 대화를 듣고, 지금까지 남자가 여자를 기다린 시간을 고르세요.

① 20분
② 40분
③ 1시간
④ 1시간 30분

M Hello. It's Billy. Where are you?
W I'm sorry. I overslept this morning. I'm on my way.
M It's nine forty now. I've been waiting here since nine.
W I will be there soon.

남 안녕. 나 Billy야. 너 어디니?
여 미안해. 나 오늘 아침에 늦잠 잤어. 지금 가는 중이야.
남 지금 9시 40분이야. 나는 9시부터 여기서 기다리고 있어.
여 곧 도착할게.

oversleep 늦잠 자다 **since** ~부터[이후]

08 다음을 듣고, 하와이의 내일 날씨로 알맞은 것을 고르세요.

① rainy
② sunny
③ snowy
④ stormy

Good evening. This is Chris from the weather channel. Today, it was sunny in New York and stormy in Hawaii. However, tomorrow's weather will change. New Yorkers are going to need to take umbrellas when they go out. After the storm, it will be warm and sunny in Hawaii.

안녕하십니까. 날씨 채널의 Chris입니다. 오늘 뉴욕은 화창한 날이었고, 하와이에는 폭풍우가 몰아쳤습니다. 그렇지만, 내일 날씨는 바뀔 것입니다. 뉴욕 시민들께서는 외출하실 때 우산을 챙기셔야 할 겁니다. 하와이는 폭풍우 후에 날이 따뜻하고 화창해질 것입니다.

stormy 폭풍우가 몰아치는

09 다음을 듣고, this가 가리키는 것이 무엇인지 고르세요.

① bus
② train
③ bicycle
④ airplane

I live in Seoul, Korea, and my uncle lives in Canada. This summer, I am going to visit my uncle. I have never been abroad. I am going to take this to Canada for the first time. I am so excited.

저는 한국에서 서울에 살고 있고, 저희 삼촌은 캐나다에 삽니다. 이번 여름에 저는 삼촌을 방문할 예정입니다. 전 해외에 가본 적이 한 번도 없습니다. 전 캐나다에 갈 때 처음으로 이것을 탈 것입니다. 전 매우 신이 납니다.

uncle 삼촌 **abroad** 해외에

10	대화를 듣고, 남자의 심정으로 알맞은 것을 고르세요. ① 안도함 ② 반가움 ③ 불안함 ④ 짜증스러움	M Hello? W Hi, Liam. It's me. M What time is it? W It's six o'clock in the morning. M Don't you think it's too early to call?	남 여보세요? 여 안녕, Liam. 나야. 남 몇 시야? 여 아침 6시야. 남 전화하기에 너무 이르다고 생각하지 않니?
11	대화를 듣고, 여자가 있는 장소로 가장 알맞은 곳을 고르세요. ① kitchen ② bedroom ③ bathroom ④ living room	M Are you done in there yet? W Give me a minute. I'm almost finished. But there is no toilet paper. Can you get me another roll, please? M Okay, but hurry up. I cannot hold it anymore. W Thanks, Dad.	남 거기 아직 안 끝났니? 여 잠깐만요. 거의 끝났어요. 그런데 휴지가 없어요. 휴지 좀 더 주시겠어요? 남 알았어, 하지만 서두르렴. 나도 더 이상 참을 수가 없단다. 여 고마워요, 아빠. **be done** (일이) 끝나다 **yet** 아직 **toilet paper** (화장실용) 휴지 **hold** 참다, 견디다
12	대화를 듣고, 여자의 증상으로 언급되지 않은 것을 고르세요. ① 열 ② 기침 ③ 두통 ④ 콧물	M What's the matter? W I have a cold. M Do you have a fever? W No, I don't. But I have a headache, a cough, and a runny nose.	남 어디가 아프세요? 여 감기에 걸렸어요. 남 열이 있습니까? 여 아니요, 없어요. 하지만 두통이 있고 기침과 콧물이 나요. **have a cold** 감기에 걸리다 **cough** 기침 **runny nose** 콧물
13	다음을 듣고, 두 사람의 대화가 어색한 것을 고르세요. ① ② ③ ④	① W How are you doing, Ken? M I am doing my homework. ② M May I help you with your baggage? W No, thanks. I can handle it. ③ W Can I eat the last ice cream? M Sure. ④ M Thanks for your help. W It's my pleasure.	① 여 어떻게 지내니, Ken? 남 난 숙제를 하는 중이야. ② 남 짐 좀 들어 드릴까요? 여 고맙지만 괜찮아요. 제가 할 수 있어요. ③ 여 마지막 남은 아이스크림을 내가 먹어도 될까? 남 물론이지. ④ 남 도와줘서 고마워. 여 도와줄 수 있어서 내가 기쁘지. **baggage** 짐, 수하물 **handle** 처리하다, 다루다 **pleasure** 기쁨

14	**대화를 듣고, 여자가 추천하는 공부 방법으로 알맞은 것을 고르세요.** ① 오랫동안 공부해라. ② 조금 더 집중해서 공부해라. ③ 필기한 것을 여러 번 복습해라. ④ 추천해 주는 책을 가지고 공부해라.	W Steve, why the long face? M Mrs. Taylor, as you know, I blew the test. How can I study English effectively? W Well, you should take notes and review them many times. M Thanks. I will follow your suggestion before the next exam.	여 Steve, 왜 울상을 하고 있니? 남 Taylor 선생님, 아시다시피, 전 시험을 망쳤어요. 영어를 어떻게 효과적으로 공부할 수 있나요? 여 음, 필기를 하고 그것을 여러 번 복습해야 해. 남 고맙습니다. 다음 시험 전에는 선생님의 제안을 따를게요. **long face** 우울한 얼굴 **blow** 실패하다, (기회를) 놓치다 **effectively** 효과적으로 **take notes** 필기하다 **review** 복습하다 **suggestion** 제안
15	**대화를 듣고, 남자의 마지막 말에 이어질 여자의 말로 알맞은 것을 고르세요.** ① Sure. ② It's me. ③ That's okay. ④ That's too bad.	M May I ask you for a favor? W What do you want me to do? M Could you lend me your English notes? W Sure.	남 네게 부탁 하나 해도 될까? 여 내가 무얼 도와줄까? 남 네 영어 노트를 내게 빌려주겠니? 여 물론이지. ② 나야. ③ 괜찮아. ④ 그것 참 안됐다. **favor** 부탁 **lend** 빌려주다

REVIEW TEST p. 61

A
❶ cough, 기침 ❷ abroad, 해외에 ❸ review, 복습하다 ❹ stormy, 폭풍우가 몰아치는
❺ oversleep, 늦잠 자다 ❻ baggage, 짐, 수하물 ❼ handle, 처리하다, 다루다
❽ put on, ~을 신다[입다] ❾ jump rope, 줄넘기하다 ❿ take notes, 필기하다

B
❶ ask, favor ❷ wish me luck ❸ have a fever
❹ vacuuming the carpet ❺ gave her seat ❻ shaking hands
❼ follow your suggestion

TEST 10 p. 62

01 ③ 02 ② 03 ③ 04 ④ 05 ① 06 ① 07 ③ 08 ③
09 ③ 10 ③ 11 ② 12 ④ 13 ① 14 ② 15 ②

	문제 및 정답	받아쓰기 및 녹음내용	해석
01	다음을 듣고, 빈칸에 알맞은 것을 고르세요. Steve ____________ TV. ① is watching ② has watched ③ isn't watching ④ hasn't watching	Steve isn't watching TV.	Steve는 TV를 보고 있지 않다.
02	다음을 듣고, 그림과 일치하는 것을 고르세요. ① ② ③ ④	① The woman is looking at socks. ② The woman is buying shoes. ③ The woman is trying on the shoes. ④ The woman is holding the shopping bag.	① 여자는 양말을 보고 있다. ② 여자는 신발을 사고 있다. ③ 여자는 신발을 신어보고 있다. ④ 여자는 쇼핑백을 들고 있다. try on (신발·옷 등을) 신어[입어] 보다
03	다음을 듣고, 그림과 일치하는 것을 고르세요. ① ② ③ ④	① There are many books and pencils on the desk. ② There are a book and a pencil on the bed. ③ There are a book and pencils on the desk. ④ There are books and a pencil on the bed.	① 책상 위에 책들과 연필들이 많이 있다. ② 침대 위에 책 한 권과 연필 한 자루가 있다. ③ 책상 위에 책 한 권과 연필들이 있다. ④ 침대 위에 책들과 연필 한 자루가 있다.
04	다음을 듣고, 그림과 일치하는 것을 고르세요. ① ② ③ ④	① People are taking a trip by airplane. ② People are going to a concert by bus. ③ People are walking to work. ④ People are looking up at the sky.	① 사람들이 비행기로 여행을 하고 있다. ② 사람들이 버스로 콘서트에 가고 있다. ③ 사람들이 걸어서 일터에 가고 있다. ④ 사람들이 하늘을 쳐다보고 있다. take a trip 여행하다

05	질문을 듣고, 가장 알맞은 대답을 고르세요. ① Very well. ② I know her, too. ③ Let's watch a movie. ④ They are brother and sister.	Do you know him well?	너는 그를 잘 아니? ① 매우 잘 알아. ② 나도 그녀를 알고 있어. ③ 우리 영화 보자. ④ 그들은 남매야.
06	대화를 듣고, 두 사람이 무엇에 대해 이야기하고 있는지 고르세요. ① 침대 ② 숙박 ③ 점원 ④ 비싼 요금	M How may I help you? W We want to buy a new bed. M Do you want a soft one or a hard one? W A hard one, please, but not too expensive.	남 무엇을 도와드릴까요? 여 우리는 새 침대를 하나 사고 싶어요. 남 푹신한 것을 원하세요, 아니면 단단한 것을 원하세요? 여 단단한 것을 보여주세요, 하지만 너무 비싸지 않은 것으로요. **soft** 푹신한, 부드러운 **expensive** 비싼
07	대화를 듣고, 여자가 전화를 다시 할 시각을 고르세요. ① 11시 ② 11시 12분 ③ 11시 20분 ④ 12시	W Hello. May I speak to Mark? M I'm sorry. He's not here at the moment. Can you call again in 20 minutes? W Sure. It is 11 o'clock now. I will call him back soon.	여 안녕하세요. Mark와 통화할 수 있나요? 남 죄송합니다. 그는 지금 없어요. 20분 후에 다시 걸어 주시겠어요? 여 물론이죠. 지금 11시네요. 제가 곧 그에게 다시 전화하겠습니다. **at the moment** 지금 **call back** 다시 전화하다
08	다음을 듣고, 주간의 날씨로 틀린 것을 고르세요. ① 월요일은 화창함, 최고 28℃ ② 목요일은 흐림, 최고 21℃ ③ 주말은 가랑비가 내리다 멈춤 ④ 주말은 최고 18℃, 최저 14℃	Now for this week's weather forecast. On Monday and Tuesday, we expect sunny skies with a high of 28℃. From Wednesday through Friday, the weather will be cloudy with a high of 21℃. It will rain for most of the weekend with a high of 18℃ and a low of 14℃.	이제 이번 주의 일기 예보를 전해드리겠습니다. 월요일과 화요일은 최고 기온이 28℃로 화창한 하늘이 예상됩니다. 수요일부터 금요일까지 최고 기온은 21℃로 날씨가 흐리겠습니다. 주말의 대부분은 비가 올 것이고 기온은 최고 18℃, 최저 14℃가 되겠습니다. **expect** 예상하다, 기대하다
09	다음을 듣고, this가 가리키는 것이 무엇인지 고르세요. ① key ② book ③ umbrella ④ smartphone	It is raining a lot now. But this morning, it didn't rain at all, so I didn't take this to school.	지금은 비가 많이 내립니다. 그러나 오늘 아침에는 비가 전혀 내리지 않아서, 저는 학교에 이것을 가져가지 않았습니다. **at all** 전혀

10	**대화를 듣고, 남자의 심정으로 알맞은 것을 고르세요.** ① 기쁨 ② 걱정 ③ 아쉬움 ④ 부러움	M Caitlin, are you going to take swimming lessons at the community center this summer vacation? W I don't think so. I am going to visit my aunt, and she lives in Washington. M Oh, I can't see you at swimming class? That's too bad.	남 Caitlin, 너 이번 여름 방학에 지역 문화 센터에서 하는 수영 수업을 들을 거니? 여 그렇게 못할 것 같아. 난 이모네 집에 방문할 건데, 이모는 워싱턴에 사시거든. 남 아, 수영 수업에서 널 못 보는 거야? 참 아쉽다. **community center** 복지관, 지역 문화 센터 **aunt** 이모, 고모
11	**대화를 듣고, 남자가 있는 장소로 가장 알맞은 곳을 고르세요.** ① kitchen ② bedroom ③ bathroom ④ classroom	W Wake up! It's time to go to school. M But I'm still sleepy. W It's already 6:30 a.m. The next time, you should go to bed earlier. M Okay. I'm getting up now. W I'll be in the kitchen. Come down and have breakfast.	여 일어나! 학교에 갈 시간이야. 남 그렇지만 전 아직 졸려요. 여 벌써 아침 6시 반이야. 다음번에는 더 일찍 잠자리에 들어야 해. 남 알겠어요. 지금 일어날게요. 여 부엌에 있을게. 내려와서 아침 먹으렴. **wake up** 일어나다 **still** 아직도, 여전히 **sleepy** 졸린 **breakfast** 아침 식사
12	**대화를 듣고, 대화 내용과 일치하는 것을 고르세요.** ① Tom은 오늘 일찍 일어났다. ② Tom은 오늘 학교에 지각했다. ③ Tom은 보통 버스를 타고 학교에 간다. ④ Tom은 오늘 자전거를 타고 학교에 갔다.	W How do you go to school, Tom? M I usually go to school on foot, but I went to school by bike today. W Why? M I got up late this morning.	여 학교에 어떻게 가니, Tom? 남 보통은 걸어서 학교에 가지만 오늘은 자전거로 학교에 갔어. 여 왜? 남 오늘 아침에 늦게 일어났거든. **on foot** 걸어서, 도보로
13	**다음을 듣고, 두 사람의 대화가 자연스러운 것을 고르세요.** ① ② ③ ④	① M May I pay by credit card? W Sorry, but we only accept cash. ② W How much was your new backpack? M My backpack is really old. ③ M Why did Kimberly not come to school? W She has too much homework to do. ④ W Where did you wait for us? M I waited there for 45 minutes.	① 남 신용카드로 지불해도 될까요? 여 죄송합니다만, 저희는 현금만 받습니다. ② 여 네 새 배낭은 얼마였니? 남 내 배낭은 정말 낡았어. ③ 남 Kimberly는 왜 학교에 오지 않았니? 여 그녀에게는 해야 할 숙제가 너무 많아. ④ 여 너는 우리를 어디서 기다렸니? 남 난 거기서 45분 동안 기다렸어. **pay** 지불하다 **accept** 받아들이다

14 대화를 듣고, 남자가 자신에 대해 언급하지 않은 것을 고르세요.

① 나이
② 취미
③ 출신지
④ 희망사항

W Good morning, class. We have a new student today. William, would you introduce yourself to your classmates?

M Hi. I am William Bond. It's nice to meet you. I am from Boston. It's a wonderful place to visit. I'm 15 years old. I am a baseball player. I am going to play for this school. I hope I can become friends with you soon.

W Thank you, William. Please take a seat.

여 좋은 아침이에요, 여러분. 오늘 새로운 학생이 있어요. William, 반 친구들에게 네 소개를 해 주겠니?

남 안녕, 난 William Bond야. 만나서 반가워. 난 Boston에서 왔어. 거긴 방문하기에 멋진 곳이야. 난 15살이야. 난 야구 선수야. 난 이 학교를 위해 뛸 거야. 곧 너희들과 친구가 될 수 있길 바라.

여 고맙구나, William. 자리에 앉으렴.

introduce 소개하다 **classmate** 반 친구
take a seat 자리에 앉다

15 대화를 듣고, 남자의 마지막 말에 이어질 여자의 말로 알맞은 것을 고르세요.

① Classical music is boring.
② Amanda Evans is my favorite singer.
③ R&B music is very popular in England.
④ There are lots of good singers in Korea.

M What kind of music do you like best?

W I like pop songs.

M Who's your favorite singer?

W Amanda Evans is my favorite singer.

남 너는 어떤 종류의 음악을 가장 좋아하니?

여 난 팝송을 좋아해.

남 네가 가장 좋아하는 가수는 누구니?

여 Amanda Evans가 내가 가장 좋아하는 가수야.

① 클래식 음악은 지루해.
③ R&B 음악은 영국에서 아주 인기가 많아.
④ 한국에는 좋은 가수들이 많이 있어.

REVIEW TEST p. 67

A
❶ pay, 지불하다 ❷ aunt, 이모, 고모 ❸ accept, 받아들이다 ❹ expect, 예상하다, 기대하다
❺ expensive, 비싼 ❻ introduce, 소개하다 ❼ breakfast, 아침 식사
❽ wake up, 일어나다 ❾ on foot, 걸어서, 도보로 ❿ take a seat, 자리에 앉다

B
❶ walking to work ❷ call him back ❸ trying on
❹ time to go ❺ How much was ❻ What kind of music
❼ go to bed earlier

TEST 11 p. 68

01 ④ 02 ① 03 ① 04 ③ 05 ④ 06 ③ 07 ④ 08 ②
09 ③ 10 ④ 11 ② 12 ④ 13 ② 14 ④ 15 ②

	문제 및 정답	받아쓰기 및 녹음내용	해석
01	다음을 듣고, 빈칸에 알맞은 것을 고르세요. ______ like a cup of tea? ① Do you ② Will you ③ Would he ④ Would you	Would you like a cup of tea?	차 한 잔 하실래요?
02	다음을 듣고, 그림과 일치하는 것을 고르세요. ① ② ③ ④	① The man is ordering food. ② The man is tasting the cookies. ③ The man is eating a hamburger. ④ The man is cooking soup.	① 남자는 음식을 주문하고 있다. ② 남자는 쿠키를 맛보고 있다. ③ 남자는 햄버거를 먹고 있다. ④ 남자는 수프를 만들고 있다. taste 맛보다
03	다음을 듣고, 그림과 일치하는 것을 고르세요. ① ② ③ ④	① The girl is planting a seed. ② The girl is blowing her nose. ③ The girl is shaking an empty bottle. ④ The girl is touching her forehead.	① 여자아이는 씨앗을 심고 있다. ② 여자아이는 코를 풀고 있다. ③ 여자아이는 빈 병을 흔들고 있다. ④ 여자아이는 이마를 만지고 있다. plant 심다 seed 씨앗 blow one's nose 코를 풀다 shake 흔들다 empty 빈, 비어 있는 forehead 이마
04	다음을 듣고, 그림의 상황에 알맞은 대화를 고르세요. ① ② ③ ④	① M May I help you? W I'm just looking. Thanks. ② M Would you like the chicken or the fish? W I would like the chicken. ③ M Can you watch my bag for a while? W Sure. No problem. ④ M How would you like your hair? W I'd like to have a perm.	① 남 도와드릴까요? 여 그냥 구경하는 거예요. 고마워요. ② 남 닭고기로 하시겠어요 생선으로 하시겠어요? 여 닭고기로 주세요. ③ 남 잠시 제 가방을 봐 주시겠어요? 여 물론이죠. 문제 없습니다. ④ 남 머리를 어떻게 해 드릴까요? 여 파마를 하고 싶어요. for a while 잠시 동안 perm 파마

	문제	스크립트	해석
05	질문을 듣고, 가장 알맞은 대답을 고르세요. ① No, I don't. ② I can do it myself. ③ I didn't do my homework. ④ I am waiting for my brother.	What are you doing here?	너 여기서 뭐 하고 있니? ① 아니. ② 나 혼자 할 수 있어. ③ 나는 숙제를 안 했어. ④ 나는 내 남동생을 기다리고 있어.
06	대화를 듣고, 두 사람이 무엇에 대해 이야기하고 있는지 고르세요. ① hobby ② new dance ③ dance class ④ dance contest	W Why don't we take a dance class? M I have never danced before. W You should try something new. M Maybe you're right. When does it start?	여 우리 춤 수업을 듣는 건 어때? 남 난 이전에 춤을 한 번도 춰 본 적이 없어. 여 넌 새로운 걸 시도해 봐야 해. 남 아마도 네 말이 맞을 거야. 그거 언제 시작하니? **try** 시도하다 **maybe** 아마도
07	대화를 듣고, 두 사람이 만나기로 한 시각을 고르세요. ① 1시 30분 ② 2시 ③ 3시 ④ 3시 30분	M Hello, Dr. Lee. This is James Moriarty. May I stop by your office today? W Sure. I'll be free between two and three. I'd like to meet you then. M I'm sorry. I am a bit far away. How about three thirty? W That's great. I'll see you then.	남 안녕하세요, 이 박사님. 저는 James Moriarty입니다. 제가 오늘 박사님의 사무실에 잠시 들러도 될까요? 여 물론이죠. 저는 2시에서 3시 사이에 한가할 거예요. 그때 당신을 만나면 좋겠네요. 남 죄송합니다. 제가 좀 멀리 나와 있어서요. 3시 30분은 어떨까요? 여 좋아요. 그때 뵙죠. **stop by** 잠시 들르다 **free** 한가한 **far away** 멀리 떨어져
08	대화를 듣고, 여자가 일을 그만두려는 이유를 고르세요. ① 보수 ② 복학 ③ 휴가 ④ 이직	W Mr. Miller, I'm sorry to tell you that I have to quit my job. M I don't understand why. Is it because of the pay or some other reason? W No, that's not it at all. I have to go back to school. M Well, if that's the case, then I wish you luck.	여 Miller 씨, 이런 말씀 드려서 죄송합니다만 일을 그만둬야 할 것 같아요. 남 왜 그러시는지 이해가 안 되는데요. 보수 때문인가요, 아니면 다른 어떤 이유라도? 여 아니요, 그런 게 전혀 아니에요. 제가 복학을 해야 해서요. 남 음, 그렇다면 행운을 빌어요. **quit** 그만두다 **understand** 이해하다 **reason** 이유 **if that's the case** 그렇다면
09	다음을 듣고, this가 가리키는 것이 무엇인지 고르세요. ① milk ② book ③ newspaper ④ fashion magazine	My mother said that I would be smarter if I read this every day. My parents read this every morning. This has many news stories. This arrives at our door every morning. But I can also read this online.	엄마는 제가 이것을 매일 읽으면 더 똑똑해질 거라고 말씀하십니다. 저희 부모님은 매일 아침 이것을 읽습니다. 이것은 많은 뉴스를 싣고 있습니다. 이것은 매일 아침 우리 집에 도착합니다. 또는 저는 그것을 인터넷상에서 읽을 수 있습니다. **arrive** 도착하다 **online** 온라인[인터넷]상에서 **magazine** 잡지

10 대화를 듣고, 여자에 대해 가장 알맞게 표현한 것을 고르세요.

① lazy
② brave
③ selfish
④ ambitious

M What do you want to be when you grow up?
W I want to be the president of this country.
M Wow, you have a very big goal.
W Yes, I want to help everyone live better lives.

남 넌 커서 뭐가 되고 싶니?
여 난 우리나라의 대통령이 되고 싶어.
남 와, 넌 참 큰 목표를 가지고 있구나.
여 응, 난 모두가 더 나은 삶을 살도록 도와주고 싶어.

grow up 크다, 자라다 **president** 대통령 **goal** 목표 **selfish** 이기적인 **ambitious** 야심 있는

11 대화를 듣고, 두 사람이 대화하는 장소로 가장 알맞은 곳을 고르세요.

① hotel
② airport
③ ticket office
④ travel agency

M May I see your passport and return ticket, please?
W Here you go.
M How long are you planning on staying in the States?
W About 10 days.

남 여권과 왕복표를 보여주시겠습니까?
여 여기 있습니다.
남 미국에 얼마나 오랫동안 머물 계획이십니까?
여 10일 정도입니다.

return ticket 왕복표 **the States** 미국

12 다음을 듣고, 남자가 주말에 한 일로 언급되지 않은 것을 고르세요.

① 아빠의 차를 세차했다.
② 엄마를 도와서 상을 차리고 설거지를 했다.
③ 화장실을 청소했다.
④ 친구들과 즐거운 시간을 보냈다.

Over the weekend, I spent most of the time at home with my parents. I washed my father's car. I helped my mom set the table and washed the dishes. I also cleaned my room and the bathroom. It was tiring, but I had a good time with my family.

주말에 저는 부모님과 함께 집에서 대부분의 시간을 보냈습니다. 저는 아버지의 차를 세차했습니다. 어머니가 상을 차리시는 것을 도왔고 설거지도 했습니다. 또한 제 방과 화장실을 청소했습니다. 피곤했지만 가족과 좋은 시간을 보냈습니다.

spend 쓰다, 소비하다 **set the table** 상을 차리다 **tiring** 피곤하게 만드는

13 다음을 듣고, 두 사람의 대화가 자연스러운 것을 고르세요.

① ② ③ ④

① M Would you care for something to drink?
W I don't care about anything.

② W I am starving. Why don't we eat something?
M That sounds good to me.

③ M What do you think about my idea?
W I hope you like my idea.

④ W I want to invite you to dinner.
M Dinner is ready.

① 남 마실 것 좀 드시겠어요?
여 저는 아무것도 신경 쓰지 않아요.

② 여 배가 정말 고파. 우리 뭐 좀 먹을까?
남 난 좋아.

③ 남 넌 내 생각에 대해 어떻게 생각하니?
여 네가 내 생각을 마음에 들어 했으면 좋겠다.

④ 여 널 저녁 식사에 초대하고 싶어.
남 저녁 식사가 준비됐어.

care for ~을 원하다, 좋아하다 **care about** ~에 신경쓰다 **invite** 초대하다

14	다음을 듣고, 어떤 종류의 글인지 고르세요. ① 광고 ② 일기 ③ 반성문 ✓④ 초대장	Hello, Peter! Tomorrow is my birthday. Come to my house at two o'clock. See you tomorrow!	안녕, Peter! 내일은 내 생일이야. 2시에 우리 집으로 와. 내일 보자!
15	대화를 듣고, 여자의 마지막 말에 이어질 남자의 말로 알맞은 것을 고르세요. ① What's wrong? ✓② That sounds good. ③ Please let me know. ④ I'm happy to meet you.	W Do you want to go fishing tomorrow? M No, I don't. The weather won't be good tomorrow. W What do you think about going to the movies? M That sounds good.	여 내일 낚시하러 갈래? 남 아니, 안 갈래. 내일 날씨가 안 좋을 것 같아. 여 영화 보러 가는 것은 어때? 남 좋아. ① 무슨 일이야? ③ 내게 좀 알려줘. ④ 만나서 반가워. **go fishing** 낚시하러 가다 **go to the movies** 영화 보러 가다

REVIEW TEST p. 73

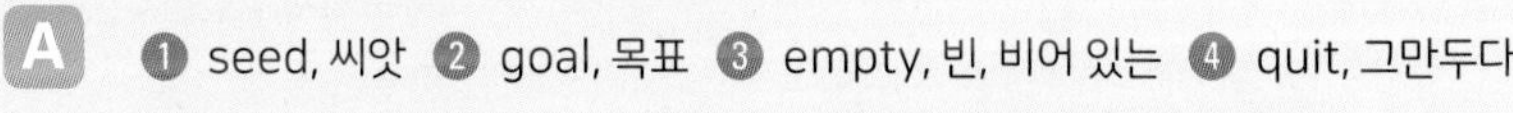

A ❶ seed, 씨앗 ❷ goal, 목표 ❸ empty, 빈, 비어 있는 ❹ quit, 그만두다 ❺ plant, 심다 ❻ invite, 초대하다 ❼ understand, 이해하다 ❽ grow up, 크다, 자라다 ❾ far away, 멀리 떨어져 ❿ for a while, 잠시 동안

B ❶ How, your hair ❷ be free ❸ blowing her nose ❹ try something new ❺ Why don't we ❻ stop by your office ❼ set the table

TEST 12 p. 74

01 ② 02 ④ 03 ③ 04 ③ 05 ④ 06 ④ 07 ③ 08 ②
09 ① 10 ④ 11 ② 12 ④ 13 ① 14 ② 15 ④

	문제 및 정답	받아쓰기 및 녹음내용	해석
01	다음을 듣고, 빈칸에 알맞은 것을 고르세요. My family lives on the ________ in this building. ① seven floors ✓② seventh floor ③ seven flowers ④ seventh flower	My family lives on the seventh floor in this building.	우리 가족은 이 건물의 7층에 산다. **floor** (건물의) 층
02	다음을 듣고, 그림과 일치하는 것을 고르세요. ① ② ③ ✓④	① Bob is writing a letter. ② Bob is riding a horse. ③ Bob is putting away his toys. ④ Bob is writing his name on the notebook.	① Bob은 편지를 쓰고 있다. ② Bob은 말을 타고 있다. ③ Bob은 장난감을 치우고 있다. ④ Bob은 공책에 자신의 이름을 쓰고 있다. **put away** 치우다
03	다음을 듣고, 그림과 일치하는 것을 고르세요. Tom Linda ① ② ✓③ ④	① Tom eats breakfast at six twenty. ② Linda eats lunch at one thirty. ③ Tom eats breakfast at six forty. ④ Linda eats lunch at one fifteen.	① Tom은 6시 20분에 아침을 먹는다. ② Linda는 1시 30분에 점심을 먹는다. ③ Tom은 6시 40분에 아침을 먹는다. ④ Linda는 1시 15분에 점심을 먹는다.
04	다음을 듣고, 그림의 상황에 알맞은 대화를 고르세요. ① ② ✓③ ④	① M Have you seen my backpack? W It's under your bed. ② M What did he order for his son? W A hamburger and a Coke. ③ M Could you pass me the pepper? W Here you go. ④ M Would you like another sandwich? W No, thanks. I'm on a diet.	① 남 제 책가방 보셨어요? 여 그건 네 침대 아래에 있어. ② 남 그는 아들을 위해서 무얼 주문했나요? 여 햄버거와 콜라요. ③ 남 후추 좀 건네주시겠습니까? 여 여기 있습니다. ④ 남 샌드위치 하나 더 드시겠어요? 여 아니요, 괜찮습니다. 전 다이어트 중이어서요. **backpack** 배낭, 책가방 **pass** 건네주다 **pepper** 후추 **on a diet** 다이어트 중인

05	질문을 듣고, 가장 알맞은 대답을 고르세요. ① Three o'clock. ② Please be patient. ③ Three people are in line. ④ Two dollars and fifty cents.	How much is the bus fare?	버스 요금이 얼마인가요? ① 3시요. ② 조금만 참으세요. ③ 3명이 줄을 서 있어요. ④ 2달러 50센트입니다. **fare** 요금
06	대화를 듣고, 두 사람이 무엇에 대해 이야기하고 있는지 고르세요. ① 저축 ② 생일 선물 ③ 주말 계획 ④ 장난감 구입	M Mom, I really like this toy car. Can you buy it for me? W You already have many toys at home. M But I don't have this nice car. W I am sorry, sweetheart. I can't.	남 엄마, 전 정말로 이 장난감 자동차가 좋아요. 제게 이걸 사 주실래요? 여 넌 이미 집에 장난감을 많이 갖고 있잖니. 남 그렇지만 이렇게 멋진 차는 없어요. 여 미안하다, 얘야. 안 돼.
07	대화를 듣고, 두 사람이 남대문 시장에 가기로 한 시각을 고르세요. ① 10 a.m. ② 11 a.m. ③ 12 p.m. ④ 1 p.m.	W What do you want to do in Korea? M I'm not sure. This is my first time visiting here. W Let's go to Namdaemun Market. It's a fun place. M That sounds good. It is now 10 a.m. What time do you want to go? W How about at noon? M Sure.	여 한국에서 무얼 하고 싶어요? 남 잘 모르겠어요. 이곳에 방문한 건 이번이 처음이어서요. 여 우리 남대문 시장에 가요. 거긴 재미있는 곳이에요. 남 그거 좋은데요. 지금 오전 10시인데요. 몇 시에 갈까요? 여 정오는 어때요? 남 그래요. **noon** 정오, 낮 12시
08	다음을 듣고, 공연이 늦게 시작하는 이유를 고르세요. ① 조명에 문제가 있어서 ② 음향기기에 문제가 있어서 ③ 입장하지 못한 관객이 많아서 ④ 배우들이 아직 준비가 덜 돼서	Welcome to tonight's musical show, *Mamma Mia*. We are sorry to announce that there will be a short delay. There is a problem with the sound equipment. We are trying to solve the problem. It should take about 15 minutes. Thanks for your understanding.	오늘 밤 <맘마미아> 뮤지컬 공연에 오신 것을 환영합니다. 조금 지연될 것임을 알려드리게 되어 죄송합니다. 음향기기에 문제가 있습니다. 저희는 문제를 해결하려고 노력하고 있습니다. 약 15분 정도 걸릴 것입니다. 여러분들의 이해에 감사드립니다. **announce** 알리다, 발표하다 **delay** 지연, 지체 **sound equipment** 음향기기 **solve** 해결하다 **take** (시간이) 걸리다 **understanding** 이해, 양해
09	다음을 듣고, 마지막 질문에 대한 알맞은 답을 고르세요. ① baby ② child ③ adult ④ mother	I was just born, and I am learning to walk and talk. I'm not an adult yet or even a child. Who am I?	저는 막 태어나서 걷고 말하는 것을 배우는 중입니다. 저는 아직 성인도 아니고 아이도 아닙니다. 저는 누구일까요? **adult** 성인 **child** 아이

10 대화를 듣고, 남자의 심정으로 알맞은 것을 고르세요.

① angry
② jealous
③ regretful
④ surprised

M How long do you watch television every day?

W I only watch it for four hours.

M Four hours! That's a long time.

W Not really. I used to watch it for six hours.

남 넌 매일 얼마나 오랫동안 텔레비전을 보니?

여 난 네 시간 동안만 봐.

남 네 시간! 긴 시간이네.

여 그렇지 않아. 전에는 여섯 시간 동안 봤어.

11 대화를 듣고, 두 사람이 대화하는 장소로 가장 알맞은 곳을 고르세요.

① 식당
② 약국
③ 옷가게
④ 식료품점

W How may I help you, sir?

M I need some medicine for my allergies.

W What kinds of allergies do you have?

M I have seasonal allergies.

여 무엇을 도와드릴까요, 손님?

남 알레르기 약이 좀 필요합니다.

여 어떤 종류의 알레르기인가요?

남 계절성 알레르기입니다.

medicine 약 **allergy** 알레르기
seasonal 계절의

12 다음을 듣고, 내용과 일치하지 않는 것을 고르세요.

① Amy는 플루트를 연주하는 것을 좋아한다.
② Amy는 주로 방과 후에 플루트를 연주한다.
③ Amy는 이번 주에 중간고사가 있다.
④ Amy는 오늘 플루트 연습을 할 것이다.

Amy really loves to play the flute. She usually plays it in the afternoon after school. However, this week is different. She has a midterm exam this week, so she must prepare for it. She doesn't have any time to play the flute today.

Amy는 플루트를 연주하기를 정말 좋아합니다. 그녀는 주로 방과 후 오후에 플루트를 연주합니다. 그러나 이번 주는 다릅니다. 그녀는 이번 주에 중간고사가 있어서 그것을 준비해야 합니다. 그녀에게는 오늘 플루트를 연주할 시간이 전혀 없습니다.

midterm exam 중간고사 **prepare** 준비하다

13 다음을 듣고, 두 사람의 대화가 어색한 것을 고르세요.

① ② ③ ④

① W Would you mind if I sat here?
M Okay. I'll do that for you.

② M Who do you mean?
W I mean the girl in the blue dress.

③ W Do you like science-fiction movies?
M No, I don't. But Tom likes them.

④ M I don't like this color. Please show me another one.
W How about this one? It looks good on you.

① 여 괜찮으시다면 제가 여기에 앉아도 될까요?
남 좋아요. 제가 당신을 위해 해드릴게요.

② 남 넌 누구를 말하는 거니?
여 파란 드레스를 입은 여자아이를 말하는 거야.

③ 여 넌 공상과학 영화를 좋아하니?
남 아니, 좋아하지 않아. 하지만 Tom은 그것을 좋아해.

④ 남 전 이 색깔이 맘에 들지 않아요. 다른 것을 보여주세요.
여 이건 어떠세요? 당신에게 잘 어울리네요.

Would you mind if ~? ~해도 될까요?
science-fiction movie 공상과학 영화
look good on ~에게 잘 어울리다

14	**대화를 듣고, 대화가 끝난 후 여자가 할 일로 알맞은 것을 고르세요.** ① 열을 잰다. ② 약을 산다. ③ 집에서 쉰다. ④ 병원에 간다.	M Where are you going, Cindy? W I'm going to the pharmacy. M Are you sick? W No, my younger brother has a fever.	남 Cindy, 어디에 가는 중이니? 여 약국에 가. 남 아프니? 여 아니, 내 남동생에게 열이 있어서. **pharmacy** 약국
15	**대화를 듣고, 여자의 마지막 말에 이어질 남자의 말로 알맞은 것을 고르세요.** ① No, I can't. ② Yes, I'll take it. ③ Okay. Let me see. ④ Yes. It doesn't work.	W Can I help you? M Yes. I'd like to return this printer. W Is there something wrong with it? M Yes. It doesn't work.	여 도와드릴까요? 남 네. 저는 이 프린터를 반품하고 싶어요. 여 프린터에 무슨 이상이 있나요? 남 네. 작동을 안 해요. ① 아니요, 할 수 없어요. ② 네, 그걸로 할게요. ③ 네. 어디 좀 볼게요. **return** 반품하다

REVIEW TEST p. 79

A ❶ pass, 건네주다 ❷ allergy, 알레르기 ❸ delay, 지연, 지체 ❹ medicine, 약
❺ prepare, 준비하다 ❻ announce, 알리다, 발표하다 ❼ pharmacy, 약국
❽ midterm exam, 중간고사 ❾ put away, 치우다 ❿ look good on, ~에게 잘 어울리다

B ❶ another sandwich ❷ on a diet ❸ take about
❹ on the seventh floor ❺ return this printer ❻ you mind if
❼ any time to play

TEST 13 p. 80

01 ③ 02 ④ 03 ④ 04 ① 05 ① 06 ② 07 ③ 08 ②
09 ④ 10 ④ 11 ② 12 ③ 13 ② 14 ④ 15 ①

	문제 및 정답	받아쓰기 및 녹음내용	해석
01	다음을 듣고, 빈칸에 알맞은 것을 고르세요. Her voice was very ______. ① low ② road ③ loud ④ louder	Her voice was very loud.	그녀의 목소리는 매우 컸다. voice 목소리 loud 큰, 시끄러운
02	다음을 듣고, 그림과 일치하는 것을 고르세요. ① ② ③ ④	① The boy is going to the pond. ② The boy is eating fish. ③ The boy is holding a fishing net. ④ The boy is fishing at the pond.	① 남자아이는 연못에 가고 있다. ② 남자아이는 생선을 먹고 있다. ③ 남자아이는 어망을 들고 있다. ④ 남자아이는 연못에서 낚시를 하고 있다. pond 연못 fishing net 어망
03	다음을 듣고, 그림과 일치하는 것을 고르세요. ① ② ③ ④	① The man is standing in front of the shop. ② The man is sitting on the ground. ③ The woman is kicking the can. ④ The woman is throwing the can into the trash can.	① 남자는 가게 앞에 서 있다. ② 남자는 땅에 앉아 있다. ③ 여자는 깡통을 발로 차고 있다. ④ 여자는 깡통을 쓰레기통에 던지고 있다. ground 땅, 지면 kick 발로 차다 throw 던지다 trash can 쓰레기통
04	다음을 듣고, 그림의 상황에 알맞은 대화를 고르세요. ① ② ③ ④	① W What's wrong? M I hurt my leg. ② W What are you doing? M I'm fixing my bicycle. ③ W You look happy today. M My father bought a bicycle for me. ④ W Let's go to the gym. M I'm afraid I can't.	① 여 무슨 일이야? 남 다리를 다쳤어. ② 여 무얼 하고 있니? 남 자전거를 고치고 있어. ③ 여 너 오늘 행복해 보인다. 남 아버지가 내게 자전거를 사 주셨거든. ④ 여 우리 체육관에 가자. 남 아쉽지만 못 갈 것 같아. afraid 유감이지만 ~인; 두려워하는

05	**질문을 듣고, 가장 알맞은 대답을 고르세요.** ① Yes, thanks. ② I feel better now. ③ I will be there for you. ④ You need to ask for help.	Do you need some help?	도움이 필요하세요? ① 네, 감사합니다. ② 이제 기분이 좀 나아졌어요. ③ 당신을 위해 거기 있을게요. ④ 당신은 도움을 요청해야 합니다.
06	**대화를 듣고, 두 사람이 무엇에 대해 이야기하고 있는지 고르세요.** ① 면접 ② 환불 ③ 이어폰 고장 ④ 영수증 발급	M I'd like to get a refund on these earphones, but I don't have a receipt. W I'm sorry. If you don't have a receipt, you can't return them. M But it was just yesterday. That man over there was working then. W Okay, let me talk to him. Please wait here.	남 전 이 이어폰을 환불 받고 싶은데, 영수증이 없어요. 여 죄송합니다. 영수증이 없으면 반품하실 수 없어요. 남 그렇지만 겨우 어제 산 건데요. 저쪽에 있는 저 남자분께서 그때 일하고 계셨어요. 여 알겠습니다, 제가 그분과 얘기해 보도록 하죠. 여기서 기다려 주세요. **get a refund** 환불을 받다 **receipt** 영수증
07	**대화를 듣고, 컴퓨터 초급반 수업이 시작하는 시각을 고르세요.** ① 7 a.m. ② 9 a.m. ③ 7 p.m. ④ 9 p.m.	W Can I help you? M Yes, thank you. I would like to register for the beginner computer class. When is the class held? W Well, it is on Tuesday and Thursday from 7 p.m. to 9 p.m. M Okay. I'll sign up for it.	여 도와드릴까요? 남 네, 감사합니다. 저는 컴퓨터 초급반에 등록하고 싶습니다. 그 수업이 언제 열리나요? 여 음, 수업은 화요일과 목요일, 오후 7시부터 9시까지입니다. 남 알겠습니다. 그 수업으로 신청할게요. **register for** ~에 등록하다 **beginner** 초보자 **hold** 열다, 개최하다 **sign up for** ~을 신청하다
08	**대화를 듣고, 남자가 축구를 좋아하는 이유를 고르세요.** ① 경기 기술이 다양해서 ② 규칙을 이해하기 쉬워서 ③ 팀워크가 중요한 스포츠여서 ④ 공만 있으면 어디서든 할 수 있어서	M Did you watch the soccer game yesterday? W No, I didn't. I'm not that interested in soccer. M I'm crazy about soccer. I'm sure you'll like it when you know more about it. W Why do you like it? M Because the rules are easy to understand. It's a sport for everyone to enjoy.	남 너 어제 축구 경기를 봤니? 여 아니, 안 봤어. 나는 축구에 그다지 관심이 없거든. 남 난 축구에 빠져 있는데. 네가 축구를 더 잘 알면 좋아할 거라고 확신해. 여 너는 축구를 왜 좋아하는데? 남 규칙을 이해하기가 쉬워서. 축구는 모두가 즐길 수 있는 스포츠야. **crazy about** ~에 (푹) 빠져 있는 **rule** 규칙
09	**다음을 듣고, 마지막 질문에 대한 알맞은 답을 고르세요.** ① mother ② daughter ③ grandmother ④ mother-in-law	I got married to a man whom I love. He is very kind and tries to help me all the time. His mother lives close to us, and she is also a wonderful person. What do I call my husband's mother?	저는 제가 사랑하는 남자와 결혼했습니다. 그는 매우 친절하고 항상 절 도와주려고 노력합니다. 그의 어머니는 우리 집 근처에 사시고 그녀는 역시 멋진 분입니다. 제가 제 남편의 어머니를 뭐라고 부를까요? **get married to** ~와 결혼하다 **all the time** 항상 **grandmother** 조모, 할머니 **mother-in-law** 시어머니, 장모

10	대화를 듣고, 남자의 마지막 말에 대해 여자가 느꼈을 심정으로 알맞은 것을 고르세요. ① 걱정 ② 슬픔 ③ 아쉬움 ✓④ 안도함	W Can you help me with my math? M Sure, no problem. How about tomorrow? W Tomorrow will be too late. I have a test tomorrow. I haven't studied for the test at all. M Did you forget that tomorrow is a holiday? Don't worry. I can help you tomorrow.	여 내 수학 공부 좀 도와줄 수 있어? 남 그럼, 문제 없어. 내일 어때? 여 내일이면 너무 늦어. 나 내일 시험이 있거든. 시험 공부를 전혀 못 했어. 남 너 내일이 휴일이라는 거 잊었니? 걱정 마, 내가 내일 도와줄 수 있으니까. **holiday** 휴일
11	대화를 듣고, 두 사람이 대화하는 장소로 가장 알맞은 곳을 고르세요. ① 공원 ✓② 마트 ③ 미용실 ④ 세탁소	W John, long time, no see. M Nice to see you. Do you live near here? W Yes, I just moved here yesterday. I came here to buy some laundry detergent. M I see. You can always buy good, cheap products and fresh vegetables in this place.	여 John, 오랜만이다. 남 만나서 반가워. 너 이 근처에 살고 있니? 여 응, 이곳에 어제 막 이사 왔어. 난 세탁용 세제를 사려고 여기에 왔어. 남 그렇구나. 넌 이곳에서 항상 좋고 싼 제품, 그리고 싱싱한 채소를 살 수 있어. **laundry detergent** 세탁용 세제 **cheap** (값이) 싼 **product** 제품 **vegetable** 채소
12	다음을 듣고, 내용과 일치하지 않는 것을 고르세요. ① Eric은 여자친구를 위해 깜짝 생일 파티를 준비할 것이다. ② Eric은 여자친구를 오후 6시에 만날 예정이다. ✓③ Eric은 여자친구를 만나기 전까지 3시간 30분 정도 여유가 있다. ④ Eric은 여자친구를 위해 요리를 하려 한다.	Eric hurried home from work. He wants to have a surprise birthday party for his girlfriend. He is supposed to meet her at 6:00 p.m. Now it's 3:30 p.m. He wants to finish cooking for her before he meets her. He hopes he has a great time with her.	Eric은 직장에서 집으로 서둘러 왔습니다. 그는 자신의 여자친구를 위한 깜짝 생일 파티를 하길 원합니다. 그는 그녀를 오후 6시에 만나기로 되어 있습니다. 지금은 오후 3시 30분입니다. 그는 그녀를 만나기 전에 그녀를 위한 요리를 마치기를 원합니다. 그는 그녀와 함께 아주 멋진 시간을 보내기를 바랍니다. **be supposed to** ~하기로 되어 있다
13	다음을 듣고, 두 사람의 대화가 자연스러운 것을 고르세요. ① ✓② ③ ④	① M Let's go and play basketball. W Sounds good. I don't like sports. ② W What do you mean? M I mean you should study harder. ③ M What do you do? W I'm cooking pasta. ④ W Where do you usually drive? M I usually deliver it to a store.	① 남 우리 농구 하러 가자. 여 그게 좋겠다. 난 스포츠를 좋아하지 않거든. ② 여 무슨 말이니? 남 내 말은 네가 더 열심히 공부해야 한다는 뜻이야. ③ 남 무슨 일을 하십니까? 여 저는 파스타를 요리하는 중이에요. ④ 여 당신은 보통 어디를 드라이브 합니까? 남 저는 보통 그것을 상점에 배달합니다. **basketball** 농구 **deliver** 배달하다

14	대화를 듣고, 남자의 아버지의 직업으로 알맞은 것을 고르세요. ① 의사 ② 변호사 ③ 사업가 ④ 수학 선생님	M I heard your father is a lawyer. W Who told you that? He's a businessman. How about your father? M He's a math teacher.	남 너희 아버지가 변호사라고 들었어. 여 누가 네게 그렇게 말했니? 아버지는 사업가야. 너희 아버지는 무얼 하시니? 남 수학 선생님이셔. lawyer 변호사 businessman 사업가
15	대화를 듣고, 여자의 마지막 말에 이어질 남자의 말로 알맞은 것을 고르세요. ① No, thanks. ② I don't think I can do this. ③ Thank you for inviting me. ④ Oh, that's not too difficult.	W You look tired this morning. M I didn't get much sleep last night. W What did you do? M I had to finish my English paper by this morning. W Would you like some coffee? M No, thanks.	여 너 오늘 아침에 피곤해 보인다. 남 지난 밤에 잠을 많이 못 잤어. 여 무얼 했는데? 남 오늘 아침까지 영어 과제를 끝내야 했거든. 여 커피 좀 마실래? 남 아니, 괜찮아. ② 나는 이것을 할 수 없을 것 같아. ③ 초대해줘서 고마워. ④ 오, 그건 별로 어렵지 않아. paper 과제물, 리포트

REVIEW TEST p. 85

A ❶ kick, 발로 차다 ❷ loud, 큰, 시끄러운 ❸ cheap, (값이) 싼 ❹ lawyer, 변호사 ❺ holiday, 휴일 ❻ product, 제품 ❼ receipt, 영수증 ❽ laundry detergent, 세탁용 세제 ❾ all the time, 항상 ❿ get a refund, 환불을 받다

B ❶ usually deliver ❷ hurried home ❸ look tired ❹ got married to ❺ register for ❻ is fishing, pond ❼ is supposed to

TEST 14 p. 86

01 ③ 02 ③ 03 ① 04 ② 05 ④ 06 ① 07 ② 08 ④
09 ② 10 ③ 11 ④ 12 ③ 13 ② 14 ② 15 ③

	문제 및 정답	받아쓰기 및 녹음내용	해석
01	다음을 듣고, 빈칸에 알맞은 것을 고르세요. My mother is interested in the ______. ① word news ② word name ③ world news ④ world name	My mother is interested in the world news.	엄마는 세계 뉴스에 관심이 있으시다.
02	다음을 듣고, 그림과 일치하는 것을 고르세요. ① ② ③ ④	① The woman has a wet blanket. ② The woman has a dirty basket. ③ The woman has an empty bottle. ④ The woman has a pretty doll.	① 여자는 젖은 담요를 가지고 있다. ② 여자는 더러운 바구니를 가지고 있다. ③ 여자는 빈 병을 가지고 있다. ④ 여자는 예쁜 인형을 가지고 있다. **wet** 젖은 **blanket** 담요 **dirty** 더러운 **basket** 바구니 **pretty** 예쁜
03	다음을 듣고, 그림과 일치하는 것을 고르세요. ① ② ③ ④	① The boy is saving money to buy a laptop. ② The boy is spending money to buy a computer. ③ The boy is borrowing money to buy a desktop. ④ The boy is lending money to his sister.	① 남자아이는 노트북 컴퓨터를 사기 위해 돈을 모으고 있다. ② 남자아이는 컴퓨터를 사기 위해 돈을 쓰고 있다. ③ 남자아이는 데스크톱 컴퓨터를 사기 위해 돈을 빌리고 있다. ④ 남자아이는 누나에게 돈을 빌려주고 있다. **save** (돈을) 모으다, 저축하다 **laptop** 노트북 컴퓨터 **desktop** 데스크톱 컴퓨터
04	다음을 듣고, 그림의 상황에 알맞은 대화를 고르세요. TICKETS ① ② ③ ④	① W How much is this key? M It's three dollars. ② M The fare to New York is 30 dollars. W Thank you. Here you are. ③ W What kinds of movies do you like? M I like comedies. ④ W What time does this mall close? M At nine o'clock.	① 여 이 열쇠는 얼마인가요? 남 3달러입니다. ② 남 뉴욕행 요금은 30달러입니다. 여 감사합니다. 여기 있어요. ③ 여 어떤 종류의 영화를 좋아하세요? 남 저는 코미디 영화를 좋아해요. ④ 여 이 쇼핑몰은 몇 시에 닫나요? 남 9시에 닫습니다. **comedies** 코미디 영화 **mall** 쇼핑몰

05	질문을 듣고, 가장 알맞은 대답을 고르세요. ① He is my uncle. ② I like your dress. ③ I don't feel like it. ④ Because you ate my cake!	Why are you angry?	너 왜 화가 나 있니? ① 그는 내 삼촌이야. ② 나는 네 드레스가 마음에 들어. ③ 나는 그럴 기분이 아니야. ④ 네가 내 케이크를 먹었으니까! **feel like** ~할 마음이 나다
06	대화를 듣고, 여자가 전화를 받지 못한 이유를 고르세요. ① 샤워 중이었다. ② 외출 중이었다. ③ 중요한 일이 있었다. ④ 전화기가 고장 났다.	W Did you call me this morning? M Yes, but there was no answer. W I'm sorry. I was taking a shower. M That's okay. It wasn't important.	여 너 오늘 아침에 내게 전화했니? 남 응, 그런데 응답이 없더라. 여 미안해, 샤워하는 중이었어. 남 괜찮아. 중요한 건 아니었어. **answer** 응답 **important** 중요한
07	대화를 듣고, 여자가 지불해야 할 금액을 고르세요. ① 14,000 won ② 15,000 won ③ 15,500 won ④ 30,500 won	W I would like to order half of a fried chicken and half of a hot and spicy chicken as well as 1.5 liters of Coke. M Sure. The chicken is 14,000 won, and the Coke is 1,500 won. The total is 15,500 won. W Wait! There is a combo menu. I want to change my order to the chicken combo set. Is that okay? M No problem at all. It comes to 15,000 won.	여 프라이드치킨 반 마리와 매운 양념 치킨 반 마리, 그리고 1.5리터짜리 콜라도 주문하고 싶습니다. 남 네. 치킨은 14,000원이고, 콜라는 1,500원입니다. 총 15,500원입니다. 여 잠깐만요! 콤보 메뉴가 있네요. 제 주문을 치킨 콤보 세트로 바꾸고 싶은데요. 괜찮나요? 남 그럼요. 15,000원 되겠습니다. **half** 반, 절반 **spicy** 양념을 한 **total** 총계, 합계 **combo** 모둠 요리, 콤보(여러 종류의 음식을 섞어서 제공하는 음식) **come to** (비용이) ~이 되다
08	대화를 듣고, 남자가 불평하는 것이 무엇인지 고르세요. ① 가격 ② 위치 ③ 소음 ④ 서비스	M May I talk to the manager, please? W Yes, I am Joanna Kern. I am the manager. How may I help you? M I waited for my food for 30 minutes, and now I see that there is a hair in my food. I am not satisfied with the service in this restaurant. W I am really sorry about that. I'll get you a new order. It will be free today.	남 매니저님과 얘기를 좀 해도 될까요? 여 네, 저는 Joanna Kern입니다. 제가 매니저입니다. 무엇을 도와드릴까요? 남 전 30분 동안 음식을 기다렸고, 이제 보니 음식 안에 머리카락이 있군요. 저는 이 식당의 서비스에 만족하지 못합니다. 여 그것에 대해 정말 죄송합니다. 주문하신 음식을 새로 가져다 드리겠습니다. 오늘 식사는 무료입니다. **manager** 매니저, 지배인 **be satisfied with** ~에 만족하다 **free** 무료의
09	다음을 듣고, this가 가리키는 것이 무엇인지 고르세요. ① clock ② watch ③ mirror ④ earring	This tells me the time, and I wear it on my wrist. It is not as big as a clock, but it does the same job. What is it?	이것은 제게 시간을 알려 주고 전 이것을 제 손목에 찹니다. 이것은 탁상시계만큼 크지는 않지만 똑같은 일을 합니다. 이것은 무엇일까요? **wrist** 손목 **clock** (벽에 걸거나 실내에 두는) 시계

10 대화를 듣고, 여자의 심정으로 알맞은 것을 고르세요.

① sad
② angry
③ thankful
④ surprised

M I'm sorry. We're closed.
W I have to send this letter today. If I don't, I will be in trouble.
M Okay, but let's be quick.
W Thank you so much.

남 죄송합니다. 영업이 끝났습니다.
여 제가 오늘 이 편지를 보내야 하거든요. 못 보내면 큰일날 거예요.
남 알겠어요, 그렇지만 빨리 합시다.
여 정말 고맙습니다.

be in trouble 큰일나다, 곤경에 처하다
be quick 빨리 하다

11 대화를 듣고, 두 사람이 대화하는 장소로 가장 알맞은 곳을 고르세요.

① hotel
② restaurant
③ photo studio
④ movie theater

M Hi. I'd like three tickets to *Frozen*.
W For what time?
M For the 7:30 showing, please.
W Here you are. Your tickets are for the sixth row from the back. Enjoy the film.
M Thanks.

남 안녕하세요, <겨울왕국> 티켓 3장 주세요.
여 몇 시로요?
남 7시 30분에 상영하는 것으로 주세요.
여 여기 있습니다. 손님의 티켓은 뒤에서 여섯 번째 열입니다. 영화 즐겁게 보세요.
남 고맙습니다.

showing 상영, 상연 **row** 열, 줄 **film** 영화

12 다음을 듣고, 내용과 일치하지 않는 것을 고르세요.

① Sam은 28살이다.
② Sam은 콧수염이 있다.
③ Sam은 얼굴에 여드름이 있다.
④ Sam은 흰 셔츠와 청바지를 입고 있다.

Let me briefly describe myself. My name is Sam Smith. I am 28 years old. I am tall and have a mustache. I wear glasses, and there are no pimples on my face. Now I am wearing a white shirt with jeans.

제 자신을 간단히 설명하겠습니다. 제 이름은 Sam Smith입니다. 저는 28살입니다. 키가 크고 콧수염을 가지고 있습니다. 저는 안경을 썼고, 얼굴에 여드름은 없습니다. 지금은 청바지에 하얀색 셔츠를 입고 있습니다.

briefly 간단히, 짧게 **describe** 설명하다
moustache 콧수염 **pimple** 여드름, 뾰루지
jeans 청바지

13 다음을 듣고, 두 사람의 대화가 어색한 것을 고르세요.

① ② ③ ④

① W What do you do, Mr. Jones?
M I'm a dentist.

② M Where is my hat?
W He's under the table.

③ W Do you have a cat?
M Yes, I do. Her name is Snowy.

④ M What does it look like?
W It's a big, round thing.

① 여 Jones 씨, 당신의 직업은 무엇인가요?
남 저는 치과 의사입니다.

② 남 내 모자가 어디에 있지?
여 그는 탁자 아래에 있어.

③ 여 넌 고양이를 키우니?
남 응, 키워. 이름은 Snowy야.

④ 남 그것은 어떻게 생겼어?
여 그것은 크고 둥근 거야.

dentist 치과 의사 **hat** 모자

14	대화를 듣고, 여자의 장래 희망으로 알맞은 것을 고르세요. ① 화가 ② 요리사 ③ 과학자 ④ 피아니스트	W I like playing the piano. M Oh, good! Do you want to be a pianist? W No, I want to be a chef. I also enjoy cooking. M That's great!	여 나는 피아노 치는 것을 좋아해. 남 오, 좋네! 넌 피아니스트가 되길 원하니? 여 아니, 난 요리사가 되고 싶어. 난 요리하는 것도 좋아하거든. 남 정말 멋지다! **chef** 요리사
15	대화를 듣고, 여자의 마지막 말에 이어질 남자의 말로 알맞은 것을 고르세요. ① That's okay. ② Good. I'll take it. ③ Here's your change. ④ I hope you have fun.	M Here you are. W How much are they? M The magazine is 8 dollars. And these books are 20 dollars. W Good. Here is 30 dollars. M Here's your change.	남 여기 있어요. 여 그것들은 얼마인가요? 남 잡지는 8달러예요. 그리고 이 책들은 20달러입니다. 여 좋아요. 여기 30달러 있습니다. 남 여기 잔돈 있습니다. ① 괜찮아요. ② 좋아요. 그걸로 할게요. ④ 즐거운 시간 보내기를 바래요. **change** 잔돈, 거스름돈

REVIEW TEST p. 91

A

❶ chef, 요리사 ❷ half, 반, 절반 ❸ dirty, 더러운 ❹ dentist, 치과 의사
❺ total, 총계, 합계 ❻ wrist, 손목 ❼ describe, 설명하다
❽ pimple 여드름, 뾰루지 ❾ important, 중요한 ❿ moustache, 콧수염

B

❶ look like ❷ pretty doll ❸ sixth row
❹ not satisfied with ❺ What time, close ❻ saving money, laptop
❼ change my order

TEST 15

p. 92

01 ③ 02 ③ 03 ③ 04 ② 05 ④ 06 ② 07 ① 08 ①
09 ③ 10 ① 11 ① 12 ② 13 ④ 14 ② 15 ③

	문제 및 정답	받아쓰기 및 녹음내용	해석
01	다음을 듣고, 빈칸에 알맞은 것을 고르세요. I am going to buy a pair of ______ tomorrow. ① glass ② grass ③ glasses ④ grasses	I am going to buy a pair of glasses tomorrow.	나는 내일 안경 하나를 살 것이다. pair (두 개로 된) 한 쌍, 한 벌, 한 개
02	다음을 듣고, 그림과 일치하는 것을 고르세요. ① ② ③ ④	① Jenny is reading a comic book. ② Jenny is writing in her diary. ③ Jenny is walking on the beach. ④ Jenny is singing and dancing.	① Jenny는 만화책을 읽고 있다. ② Jenny는 일기를 쓰고 있다. ③ Jenny는 해변에서 걷고 있다. ④ Jenny는 노래하고 춤추고 있다. comic book 만화책 diary 일기
03	다음을 듣고, 그림과 일치하는 것을 고르세요. ① ② ③ ④	① My dream is to become a painter. ② My dream is to become a writer. ③ My dream is to become an astronaut. ④ My dream is to become a professor.	① 내 꿈은 화가가 되는 것이다. ② 내 꿈은 작가가 되는 것이다. ③ 내 꿈은 우주 비행사가 되는 것이다. ④ 내 꿈은 교수가 되는 것이다. painter 화가 astronaut 우주 비행사 professor 교수
04	다음을 듣고, 그림의 상황에 알맞은 대화를 고르세요. ① ② ③ ④	① W Hurry up, Paul. We'll be late for the concert. M Okay. I'm almost finished. ② W How can I help you? M Can I exchange this sweater? ③ W Would you like to order now? M Not yet. I'm expecting someone. ④ W Why don't we go out for lunch? M That's a good idea.	① 여 서둘러, Paul. 우리 콘서트에 늦을 것 같아. 남 알았어. 거의 끝났어. ② 여 무엇을 도와드릴까요? 남 제가 이 스웨터를 교환할 수 있을까요? ③ 여 지금 주문하시겠어요? 남 아직이요. 누굴 기다리고 있거든요. ④ 여 점심을 먹으러 가는 게 어때? 남 그거 좋은 생각이야. exchange 교환하다 sweater 스웨터 expect 예상하다, 기다리다

05	**질문을 듣고, 가장 알맞은 대답을 고르세요.** ① I went to the bathroom. ② Can you see the mountain? ③ My mom wants me to be a scientist. ④ Shall we go to the department store this weekend?	Where do you want to go this weekend?	너는 이번 주말에 어디로 가고 싶어? ① 나는 화장실에 갔었어. ② 저 산이 보이니? ③ 엄마는 내가 과학자가 되기를 원해. ④ 이번 주말에 백화점에 갈까? **scientist** 과학자 **department store** 백화점
06	**대화를 듣고, 두 사람이 무엇에 대해 이야기하고 있는지 고르세요.** ① 가족 ② 휴가 계획 ③ 동물 사랑 ④ 취미 활동	M I have a two-week vacation. I don't know what to do. W Why don't you go to the zoo with your family? M That sounds great. Have you ever taken your family there? W We go every year. The kids love it.	남 나 2주간 휴가야. 무얼 해야 할지 모르겠어. 여 가족들과 동물원에 가는 건 어때? 남 그거 좋겠다. 가족을 거기에 데리고 간 적이 있어? 여 우리는 매년 가. 아이들이 그곳을 정말 좋아하거든. **zoo** 동물원
07	**다음을 듣고, Sean이 앞으로 갚아야 할 돈이 얼마인지 고르세요.** ① 3,000 won ② 7,000 won ③ 10,000 won ④ 17,000 won	My friend Sean borrowed 10,000 won from me last weekend. This Monday, he paid me 7,000 won. He promised to give the rest of my money back to me by tomorrow.	제 친구 Sean은 지난 주말에 저에게 만 원을 빌려갔습니다. 이번 주 월요일에 그는 제게 7천 원을 갚았습니다. 그는 내일까지 제게 나머지 돈을 돌려주겠다고 약속했습니다. **pay** 지불하다, (빌린 돈을) 갚다 **promise** 약속하다 **rest** 나머지 **give back** 돌려주다
08	**대화를 듣고, 대화가 끝난 후 남자가 할 일로 알맞은 것을 고르세요.** ① 자전거 수리하기 ② 자전거 수리점에 가기 ③ 여자를 자전거에 태워 주기 ④ 브레이크 사용법 설명해 주기	M What's wrong with your bike? W The brakes aren't working well. M Let me take a look. W Do you think you can fix it? M I think I can. I'll try.	남 네 자전거에 무슨 문제라도 있어? 여 브레이크가 잘 작동하지 않아. 남 내가 한번 볼게. 여 네가 그걸 고칠 수 있겠어? 남 고칠 수 있을 것 같아. 한번 해볼게. **brake** 브레이크, 제동 장치 **take a look** 한번 보다
09	**다음을 듣고, this machine이 가리키는 것이 무엇인지 고르세요.** ① stove ② microwave ③ vacuum cleaner ④ washing machine	Our house is very dirty. My mother and I will clean it today. Cleaning is very fun for me because I can use this machine. We can clean the floor and the carpet with it.	우리 집은 매우 더럽습니다. 엄마와 저는 오늘 집을 청소할 것입니다. 제가 이 기계를 사용할 수 있기 때문에 청소하는 것은 저에게 매우 재미있는 일입니다. 우리는 그것으로 바닥과 카펫을 청소할 수 있습니다. **stove** 가스레인지, 난로 **microwave** 전자레인지 **vacuum cleaner** 진공청소기

10	**대화를 듣고, 남자의 심정으로 알맞은 것을 고르세요.** ① upset ② bored ③ happy ④ thankful	M Excuse me. I'm next in line! W I'm sorry. I am in a hurry. Can I go ahead of you? M That's so rude. I have been waiting to pay for my groceries for almost 10 minutes. W Oh, I am so sorry.	남 실례합니다. 제가 다음 차례인데요! 여 죄송합니다. 제가 바빠서요. 제가 먼저 해도 될까요? 남 너무 무례하시네요. 전 제가 산 식료품들을 계산하려고 거의 10분을 기다리는 중이에요. 여 오, 정말 죄송합니다. **next in line** 다음 차례인 **in a hurry** 바쁜, 서두르는 **go ahead of** 먼저 하다, 앞서 가다 **groceries** 식료품류
11	**대화를 듣고, 두 사람이 대화하는 장소로 가장 알맞은 곳을 고르세요.** ① taxi ② office ③ subway ④ restaurant	M Excuse me. Can you fasten your seatbelt, please? W I'm sorry. I forgot. M I'll take the route with less traffic, ma'am. W Thanks. But I'm late for work. Could you speed up a little more?	남 실례합니다. 안전벨트를 매주시겠습니까? 여 죄송합니다. 깜박했네요. 남 차량이 더 적은 길로 가겠습니다, 손님. 여 감사해요. 그런데 제가 회사에 늦어서요. 속도를 조금만 더 높여 주시겠어요? **route** 길, 경로 **traffic** 차량, 교통량 **speed up** 속도를 높이다
12	**대화를 듣고, 대화 내용과 일치하는 것을 고르세요.** ① 여자는 피곤해 보인다. ② 남자는 춥고 지쳐 있다. ③ 남자는 2시간 동안 농구 연습을 했다. ④ 여자는 씻은 후 저녁을 준비할 것이다.	W You look tired. What's the matter with you? M I feel very cold and exhausted. I am also hungry now. W Why? Where did you go? M I practiced basketball with my team members for four hours. W Take a hot bath. I'll prepare dinner soon.	여 너 피곤해 보인다. 무슨 일 있니? 남 전 무지 춥고 지쳐 있어요. 지금 배도 고파요. 여 왜? 너 어디 갔었는데? 남 팀원들이랑 4시간 동안 농구 연습을 했어요. 여 따뜻한 목욕을 하렴. 내가 곧 저녁을 준비할게. **exhausted** 지친, 기진맥진한 **take a bath** 목욕하다
13	**다음을 듣고, 두 사람의 대화가 어색한 것을 고르세요.** ① ② ③ ④	① M I'm not good at sports. W Neither am I. ② W What does she look like? M She is short and cute. ③ M Sorry, but where is the library? W I'm sorry. I am also new here. ④ W What shape is it? M It's enough for three.	① 남 나는 운동을 잘하지 못해. 여 나도 못해. ② 여 그녀는 어떻게 생겼니? 남 그녀는 키가 작고 귀여워. ③ 남 죄송합니다만, 도서관이 어디죠? 여 죄송해요. 저도 이곳이 처음이에요. ④ 여 그것은 어떤 모양입니까? 남 세 명이 먹을 만큼 충분합니다. **be good at** ~을 잘하다 **neither** ~도 또한 …아니다 **shape** 모양

14	**대화를 듣고, 남자의 생일이 언제인지 고르세요.** ① 6월 4일 ②✓ 6월 5일 ③ 7월 4일 ④ 7월 5일	M What is the date today? W It's June 4. M Then tomorrow is my birthday. W Oh, really? Happy birthday!	남 오늘이 며칠이니? 여 6월 4일이야. 남 그럼 내일이 내 생일이네. 여 오, 정말? 생일 축하해! **date** 날짜
15	**대화를 듣고, 여자의 마지막 말에 이어질 남자의 말로 알맞은 것을 고르세요.** ① It's only 6:30. ② See you then. ③✓ It's open until six. ④ Sorry, we're closed.	W Excuse me. Is this aquarium open today? M Sure. It will open in 30 minutes. W When does it close? M It's open until six.	여 실례합니다만, 이 수족관이 오늘 문을 여나요? 남 물론이죠. 30분 후에 열 거예요. 여 언제 닫아요? 남 6시까지는 열려 있어요. ① 이제 겨우 6시 30분이에요. ② 그때 봐요. ④ 죄송하지만 영업이 끝났습니다. **aquarium** 수족관

REVIEW TEST p. 97

A ❶ zoo, 동물원 ❷ diary, 일기 ❸ astronaut, 우주 비행사 ❹ groceries, 식료품류 ❺ aquarium, 수족관 ❻ neither, ~도 또한 …아니다 ❼ exhausted, 지친, 기진맥진한 ❽ professor, 교수 ❾ in a hurry, 바쁜, 서두르는 ❿ take a look, 한번 보다

B ❶ working well ❷ new here ❸ speed up ❹ good at ❺ What, the date ❻ exchange this sweater ❼ a pair of glasses

TEST 16

p. 98

01 ① 02 ② 03 ③ 04 ① 05 ① 06 ④ 07 ③ 08 ②
09 ④ 10 ② 11 ② 12 ④ 13 ① 14 ③ 15 ③

	문제 및 정답	받아쓰기 및 녹음내용	해석
01	다음을 듣고, 빈칸에 알맞은 것을 고르세요. __________ going to do there? ① What are you ✓ ② When are you ③ What are they ④ Where are you	What are you going to do there?	너는 거기에서 무얼 할 거니?
02	다음을 듣고, 그림과 일치하는 것을 고르세요. ① ② ✓ ③ ④	① The man is fat with short hair. ② The man is thin with curly hair. ③ The man is chubby with straight hair. ④ The man is skinny with a ponytail.	① 남자는 뚱뚱하고 머리카락이 짧다. ② 남자는 말랐고 곱슬머리이다. ③ 남자는 통통하고 곧은 머리카락을 가지고 있다. ④ 남자는 말랐고 머리를 하나로 묶었다. **fat** 뚱뚱한 **thin** 마른 **curly** 곱슬곱슬한 **chubby** 통통한 **skinny** 비쩍 마른 **ponytail** 말총머리, 하나로 묶은 머리
03	다음을 듣고, 그림과 일치하는 것을 고르세요. $20 $30 $54 $14 ① ② ③ ✓ ④	① The coat is 55 dollars. ② The hat is 40 dollars. ③ The skirt is 20 dollars. ④ The lamp is 13 dollars.	① 코트는 55달러이다. ② 모자는 40달러이다. ③ 치마는 20달러이다. ④ 램프는 13달러이다. **lamp** 램프, 전기스탠드
04	다음을 듣고, 그림의 상황에 알맞은 대화를 고르세요. ① ✓ ② ③ ④	① M I got a bad grade in science. W You'll do better the next time. ② W You look so excited. M I got a good grade in math. ③ M Would you mind if I sat here? W No, go ahead. ④ W What are you doing? M I'm doing my homework.	① 남 과학에서 형편없는 성적을 받았어요. 여 다음번에는 더 잘할 거야. ② 여 너 아주 신나 보인다. 남 수학에서 좋은 성적을 받았거든. ③ 남 제가 여기에 앉아도 되나요? 여 그럼요, 앉으세요. ④ 여 무얼 하고 있니? 남 전 숙제를 하는 중이에요.

05 질문을 듣고, 가장 알맞은 대답을 고르세요.

① Yes, he does.
② No, they don't.
③ Let's watch TV.
④ Would you like some tea?

Does your husband like cooking?

당신의 남편은 요리하는 것을 좋아하나요?

① 네, 그래요.
② 아니요, 그렇지 않아요.
③ TV를 봅시다.
④ 차 좀 드시겠어요?

06 대화를 듣고, 두 사람이 무엇에 대해 이야기하고 있는지 고르세요.

① 집 사기
② 내년 계획
③ 남자의 이사
④ 여자의 근황

M Are you busy these days?
W Yes, I'm looking for a house to rent in Seoul.
M Are you moving to another city?
W Yes, I'm planning to move soon.

남 요즘 너 바쁘니?
여 응, 서울에서 임대할 집을 구하는 중이야.
남 너 다른 도시로 이사 가는 거니?
여 응, 곧 이사 갈 계획이야.

rent (집·차 등을) 임대하다, 빌리다
move 이사하다

07 대화를 듣고, 남자가 지불해야 할 금액을 고르세요.

① 5,000 won
② 10,000 won
③ 20,000 won
④ 30,000 won

M A one-way ticket to Cheonan, please.
W That's 10,000 won, sir.
M Oh, I am sorry. I want to get a round-trip ticket.
W Okay, then that's twice the one-way fare.

남 천안행 편도 승차권 한 장 주세요.
여 1만 원입니다.
남 아, 죄송해요. 왕복 승차권으로 한 장 주세요.
여 네, 그러면 요금은 편도의 두 배입니다.

one-way 편도의 **round-trip** 왕복의
twice 두 배의

08 대화를 듣고, 대화가 끝난 후 남자가 할 일로 알맞은 것을 고르세요.

① 물건 찾기
② 세면대 점검
③ 화장실 청소
④ 가전 제품 수리

W Honey, if you are not busy, could you help me now?
M Sure. What can I do for you?
W The sink in the bathroom is leaking, but I don't know where the leak is.
M Okay. Let me take a look at it.

여 여보, 바쁘지 않으면, 지금 저 좀 도와줄래요?
남 물론이죠. 뭘 도와줄까요?
여 욕실에 있는 세면대가 새고 있는데, 어디에서 물이 새는지 모르겠어요.
남 알았어요. 내가 한번 볼게요.

sink 세면대, 싱크대
leak (액체 등이) 새다; 새는 곳

09 다음을 듣고, this가 가리키는 것이 무엇인지 고르세요.

① bus
② taxi
③ plane
④ subway

This travels fast underground, and many people use it to go to and from work. What is it?

이것은 지하로 빠르게 이동하고, 많은 사람들이 회사에 출퇴근하기 위해 이것을 이용합니다. 이것은 무엇일까요?

travel 여행하다, 이동하다
underground 지하로

10 대화를 듣고, 남자의 심정으로 알맞은 것을 고르세요.

① tired
② lonely
③ excited
④ satisfied

W Hello.

M Hello, Mary. This is Daniel. Don't you want to go to the park today?

W I already have other plans for today. Sorry.

M That's okay. I just spend too much time at home alone.

여 여보세요?

남 여보세요, Mary. 나 Daniel이야. 오늘 공원에 가고 싶지 않니?

여 나는 오늘 이미 다른 계획들이 있어. 미안해.

남 괜찮아. 그냥 내가 집에서 너무 많은 시간을 혼자서 보내고 있어서.

alone 혼자서

11 대화를 듣고, 두 사람이 대화하는 장소로 가장 알맞은 곳을 고르세요.

① hotel
② library
③ bookstore
④ computer store

M Excuse me. Where can I check out these books?

W Right over there near the exit.

M Thanks a lot. Do you work in this section?

W No, I work in the multimedia room.

남 실례합니다. 이 책들을 어디에서 대출할 수 있나요?

여 바로 저기요, 출구 가까이에 있어요.

남 정말 고맙습니다. 이 부서에서 일하시나요?

여 아니요, 전 멀티미디어실에서 일해요.

check out (도서관의 책을) 대출하다
section (조직의) 부서, 과

12 대화를 듣고, 대화 내용과 일치하지 않는 것을 고르세요.

① 여자는 여가 시간에 수영을 하거나 음악을 듣는다.
② 여자는 종종 노래를 따라 부른다.
③ 남자는 여가 시간에 컴퓨터 게임을 하거나 인터넷 서핑을 한다.
④ 여자는 남자가 컴퓨터를 잘하는 이유를 모른다.

M Anna, what do you usually do in your spare time?

W I often go swimming or listen to music and sing along. How about you?

M I usually play computer games or surf the Internet and study computer programs.

W No wonder you are good with computers.

남 Anna, 넌 여가 시간에 보통 뭘 하니?

여 난 종종 수영하러 가거나 음악을 들으며 노래를 따라 불러. 너는 어때?

남 난 주로 컴퓨터 게임을 하거나 인터넷을 서핑하고 컴퓨터 프로그램을 공부해.

여 네가 컴퓨터를 잘 다루는 것도 당연하네.

spare time 여가 시간 **sing along** 노래를 따라 부르다 **surf the Internet** 인터넷 서핑을 하다 **no wonder** ~하는 것도 당연하다 **be good with** ~을 잘 쓰다[다루다]

13 다음을 듣고, 두 사람의 대화가 어색한 것을 고르세요.

① ② ③ ④

① W What size is this?
M I need more than two.

② M I don't like snakes.
W Neither do I.

③ W Is there a bank near here?
M Yes, it's across from the movie theater.

④ M Where are my keys?
W They are inside your car.

① 여 이것의 크기가 어떻게 되나요?
남 저는 두 개 이상 필요해요.

② 남 난 뱀이 싫어.
여 나도 싫어.

③ 여 이 근처에 은행이 있습니까?
남 네, 영화관의 맞은편에 있습니다.

④ 남 내 열쇠들이 어디에 있어?
여 네 차 안에 있잖아.

snake 뱀 **across from** ~의 맞은편에
inside ~의 안에

14	**대화를 듣고, 남자가 건강을 위해 하는 일로 알맞은 것을 고르세요.** ① 비타민을 복용한다. ② 잠을 충분히 잔다. ③ 아침에 한 시간씩 운동한다. ④ 물을 많이 마신다.	W What do you do to stay healthy? M I exercise for an hour in the morning. What about you? W I take vitamins and get plenty of sleep.	여 건강을 유지하기 위해 무얼 하시나요? 남 전 아침에 한 시간 동안 운동합니다. 당신은요? 여 전 비타민을 먹고 잠을 많이 잡니다. **stay healthy** 건강을 유지하다 **vitamin** 비타민 **plenty of** 많은
15	**대화를 듣고, 남자의 마지막 말에 이어질 여자의 말로 알맞은 것을 고르세요.** ① Yes, he does. ② No, he has long hair. ③ No, he isn't. He is short. ④ Sure. He likes short hair.	M Who is David? W The boy with short hair. M Is he tall? W No, he isn't. He is short.	남 David가 누구니? 여 짧은 머리를 한 남자아이야. 남 그는 키가 크니? 여 아니, 안 커. 그는 키가 작아. ① 응, 그래. ② 아니, 그는 긴 머리야. ④ 물론이지. 그는 짧은 머리를 좋아해.

REVIEW TEST p. 103

A ❶ alone, 혼자서 ❷ vitamin, 비타민 ❸ twice, 두 배의 ❹ chubby, 통통한
❺ rent, (집·차 등을) 임대하다, 빌리다 ❻ leak, (액체 등이) 새다; 새는 곳 ❼ underground, 지하로
❽ spare time, 여가 시간 ❾ one-way, 편도의 ❿ stay healthy, 건강을 유지하다

B ❶ across from ❷ thin, curly ❸ already, other plans
❹ check out ❺ planning to move ❻ round-trip ticket
❼ No wonder

TEST 17

p. 104

01 ② 02 ④ 03 ④ 04 ③ 05 ① 06 ④ 07 ③ 08 ②
09 ③ 10 ③ 11 ① 12 ② 13 ③ 14 ③ 15 ④

	문제 및 정답	받아쓰기 및 녹음내용	해석
01	다음을 듣고, 빈칸에 알맞은 것을 고르세요. My friend Daniel came to Korea ________ ago. ① three month ② three months ✓ ③ thirty months ④ thirteen months	My friend Daniel came to Korea three months ago.	내 친구 Daniel은 세 달 전에 한국에 왔다.
02	다음을 듣고, 그림과 일치하는 것을 고르세요. ① ② ③ ④ ✓	① The groom is holding some flowers. ② The bride is jumping with the groom. ③ The bride is wearing a pearl necklace. ④ The groom is wearing a bow tie.	① 신랑은 꽃을 쥐고 있다. ② 신부는 신랑과 함께 점프하고 있다. ③ 신부는 진주 목걸이를 하고 있다. ④ 신랑은 나비 넥타이를 하고 있다. **groom** 신랑 **bride** 신부 **pearl** 진주 **bow tie** 나비 넥타이
03	다음을 듣고, 그림과 일치하는 것을 고르세요. BANK / Bookstore / SUPERMARKET / RESTAURANT ① ② ③ ④ ✓	① The restaurant is next to the bookstore. ② The bank is across from the supermarket. ③ The bookstore is in front of the bank. ④ The bank is between the restaurant and the bookstore.	① 식당은 서점 옆에 있다. ② 은행은 슈퍼마켓의 맞은편에 있다. ③ 서점은 은행 앞에 있다. ④ 은행이 식당과 서점 사이에 있다.
04	다음을 듣고, 그림의 상황에 알맞은 대화를 고르세요. ① ② ③ ✓ ④	① W This is a present for you. M Thank you. ② M What do you want for your birthday? W I want some flowers. ③ M I can't decide which tie to buy. W Hmm… I like the orange one the best. ④ W May I help you? M Yes, I want some apples.	① 여 이건 널 위한 선물이야. 남 고마워. ② 남 생일에 뭘 받고 싶으세요? 여 꽃을 받고 싶어요. ③ 남 어떤 넥타이를 사야 할지 결정을 못 하겠어. 여 흠… 난 주황색 넥타이가 가장 맘에 들어. ④ 여 도와드릴까요? 남 네, 사과를 좀 사고 싶은데요. **decide** 결정하다

05	질문을 듣고, 가장 알맞은 대답을 고르세요. ① I stayed at home. ② It rained yesterday. ③ I have lunch at noon. ④ I'm doing my homework.	What did you do yesterday?	어제 너 뭐 했니? ① 나는 집에 있었어. ② 어제는 비가 왔어. ③ 나는 정오에 점심을 먹어. ④ 나는 숙제를 하고 있어.
06	대화를 듣고, 두 사람이 무엇에 대해 이야기하고 있는지 고르세요. ① 나무 심기 ② 스트레스 해소법 ③ 채소 위주의 식단 ④ 집에서 식물 키우기	W Wow, you have so many plants in your house. M Yes, I do. The plants help me relax. W What a wonderful idea! Maybe I'll get one. M I have an extra one. Here you go.	여 와, 너희 집에는 식물들이 정말 많구나. 남 응, 맞아. 식물들은 내가 긴장을 풀도록 도와줘. 여 정말 좋은 생각이다! 나도 하나 사야겠어. 남 내게 여분의 식물이 하나 있어. 이거 줄게. **relax** 긴장을 풀다, 쉬다 **extra** 여분의
07	대화를 듣고, 남자가 지불해야 할 금액을 고르세요. ① $5 ② $10 ③ $20 ④ $30	W Good evening, Mr. Smith. What can I get for you today? M Hi. I want to buy some oranges. W We just got fresh oranges today. Try a piece. The oranges are 10 dollars for ten. M Oh, it's delicious. I'll take twenty oranges, please.	여 안녕하세요, Smith 씨. 오늘은 무얼 드릴까요? 남 안녕하세요. 오렌지 좀 사고 싶은데요. 여 저희가 오늘 마침 신선한 오렌지가 있습니다. 한 조각 맛 보세요. 이 오렌지는 10개에 10달러입니다. 남 오, 맛있네요. 오렌지 20개 살게요. **fresh** 신선한
08	다음을 듣고, 금요일의 날씨로 알맞은 것을 고르세요. ① cold ② rainy ③ foggy ④ sunny	Good morning. This is Melanie Gibson. Today and tomorrow, we should see clear skies and temperatures around 25 degrees. Then on Friday, the rain will start and continue over the weekend. We should get up to 11 millimeters of rain.	안녕하세요. 저는 Melanie Gibson입니다. 오늘과 내일, 우리는 맑은 하늘을 보겠으며 기온은 25도쯤 되겠습니다. 그러고 나서 금요일에는 비가 내리기 시작하여 주말 내내 계속 오겠습니다. 비는 11mm까지 오겠습니다. **temperature** 온도, 기온 **degree** (각도·온도계 따위의) 도 **up to** ~까지
09	다음을 듣고, 오늘이 무슨 날인지 고르세요. ① Christmas Day ② Children's Day ③ Valentine's Day ④ New Year's Day	I have a boyfriend. Today, I bought some chocolate and flowers for him. Many people do the same thing for their boyfriends and girlfriends on this day.	제게는 남자친구가 있습니다. 오늘 저는 그를 위해 초콜릿과 꽃을 샀습니다. 많은 사람들이 이날에 자신의 남자친구와 여자친구를 위해 똑같은 일을 합니다.

10 대화를 듣고, 여자의 심정으로 알맞은 것을 고르세요.

① worried
② nervous
③ surprised
④ disappointed

M Boo!
W Oh, my god! You scared me!
M I got you.
W That's not funny.

남 야아!
여 어머나! 깜짝 놀랐잖아!
남 내가 그럴 줄 알았어.
여 그러는 거 재미없어.

boo (사람을 놀라게 할 때 쓰는 표현) 야아!
scare 놀라게 하다

11 대화를 듣고, 두 사람이 대화하는 장소로 가장 알맞은 곳을 고르세요.

① bank
② office
③ supermarket
④ police station

W Good morning, sir. How may I help you today?
M I would like to open an account with this check, please.
W Would you like a savings account or a checking account?
M A savings account, please.

여 안녕하세요, 고객님. 오늘 무엇을 도와드릴까요?
남 저는 이 수표로 계좌를 개설하고 싶습니다.
여 저축 예금을 원하시나요, 아니면 당좌 예금을 원하시나요?
남 저축 예금이요.

open an account (은행에) 계좌를 개설하다
check 수표 **savings account** 저축 예금
checking account 당좌 예금

12 대화를 듣고, 대화 내용과 일치하지 않는 것을 고르세요.

① 두 사람은 모두 Susan의 생일 파티에 초대 받았다.
② 여자는 Susan에게 기념품을 선물할 것이다.
③ 남자는 Susan에게 향수를 선물할 것이다.
④ 두 사람은 학교 앞에서 6시에 만날 예정이다.

W We are invited to Susan's birthday party tonight. I got a gift certificate for her. What are you going to get her?
M I will get some perfume for her. Don't you think she will like it?
W Of course. She will like that. What time shall we meet?
M Why don't we meet in front of the school at six o'clock?

여 오늘 밤에 우리가 Susan의 생일 파티에 초대받았잖아. 난 그녀를 위해 상품권을 샀어. 넌 뭘 살 거니?
남 난 그녀를 위해 향수를 살 거야. 그녀가 그걸 좋아할 것 같지 않니?
여 물론. 그녀는 그것을 좋아할 거야. 우리 몇 시에 만날까?
남 학교 앞에서 6시에 만나는 게 어때?

gift certificate 상품권 **perfume** 향수

13 다음을 듣고, 두 사람의 대화가 자연스러운 것을 고르세요.

① ② ③ ④

① M I want to be a pilot. How about you?
W I would like to bake some cookies.

② W What does it look like?
M It's used for writing something.

③ M I have a new girlfriend.
W Who do you mean?

④ W Who's that boy in the blue shirt?
M I prefer the blue shirt.

① 남 난 조종사가 되고 싶어. 너는?
여 난 쿠키를 좀 굽고 싶어.

② 여 그것은 어떻게 생겼어?
남 그것은 뭔가를 쓰는 데 사용돼.

③ 남 나 새로운 여자친구 사귀었어.
여 누굴 의미하는 거야?

④ 여 파란 셔츠를 입은 저 남자아이는 누구니?
남 난 파란 셔츠가 더 좋아.

pilot 조종사 **prefer** 선호하다, 더 좋아하다

	문제	스크립트	해석
14	대화를 듣고, 남자가 일요일에 할 일로 알맞은 것을 고르세요. ① 숙제하기 ② 집에서 TV 보기 ✓③ 조부모님 방문하기 ④ 친구들과 영화 보러 가기	W Where did you go last weekend? M I didn't go anywhere last weekend. W What about this weekend? M I will be busy. On Saturday, I'm going to see a movie with my friends. On Sunday, I will visit my grandparents.	여 지난 주말에 어디에 갔었니? 남 지난 주말에는 아무데도 안 갔어. 여 이번 주말에는 뭐 할 거니? 남 바쁠 것 같아. 토요일에는, 친구들과 영화를 보러 갈 거고, 일요일에는 조부모님을 방문할 거야. ●● **grandparents** 조부모님
15	대화를 듣고, 여자의 마지막 말에 이어질 남자의 말로 알맞은 것을 고르세요. ① Who's calling? ② She's not in now. ③ Can I leave a message? ✓④ You have the wrong number.	W Hello. Can I speak to Jenny? M There is no Jenny here. W Isn't this 431-2312? M You have the wrong number.	여 여보세요, Jenny와 통화할 수 있을까요? 남 Jenny는 이곳에 없는데요. 여 431-2312번 아닙니까? 남 전화를 잘못 거셨습니다. ① 누구세요? ② 그녀는 지금 없어요. ③ 메시지를 남겨도 되겠습니까?

REVIEW TEST p. 109

A ❶ pilot, 조종사 ❷ perfume, 향수 ❸ bride, 신부 ❹ prefer, 선호하다, 더 좋아하다
❺ extra, 여분의 ❻ grandparents, 조부모님 ❼ temperature, 온도
❽ degree, (각도·온도계 따위의) 도 ❾ bow tie, 나비 넥타이 ❿ gift certificate, 상품권

B ❶ a piece ❷ help, relax ❸ used for
❹ wearing, necklace ❺ go anywhere ❻ decide, to buy
❼ open an account

TEST 18

p. 110

01 ② 02 ② 03 ④ 04 ④ 05 ② 06 ④ 07 ④ 08 ①
09 ③ 10 ① 11 ④ 12 ② 13 ① 14 ④ 15 ④

	문제 및 정답	받아쓰기 및 녹음내용	해석
01	다음을 듣고, 빈칸에 알맞은 것을 고르세요. Many soldiers ______ during the war. ① die ② died ③ dead ④ death	Many soldiers died during the war.	많은 군인들이 전쟁 중에 죽었다. **soldier** 군인 **war** 전쟁
02	다음을 듣고, 그림과 일치하는 것을 고르세요. ① ② ③ ④	① The man is jumping on the spot. ② The man is keeping his hand at his side. ③ The man is holding his foot. ④ The man is bending his knees.	① 남자는 제자리에서 뛰어오르고 있다. ② 남자는 자신의 옆구리에 손을 대고 있다. ③ 남자는 자신의 발을 잡고 있다. ④ 남자는 양쪽 무릎을 구부리고 있다. **on the spot** 제자리에서 **bend** 구부리다
03	다음을 듣고, 그림과 일치하는 것을 고르세요. ① ② ③ ④	① The people are dancing together. ② The boys are singing a song. ③ The man is standing in front of the people. ④ The woman is reading a book.	① 사람들은 함께 춤을 추고 있다. ② 남자아이들은 노래를 부르고 있다. ③ 남자는 사람들 앞에 서 있다. ④ 여자는 책을 읽고 있다.
04	다음을 듣고, 그림의 상황에 알맞은 대화를 고르세요. ① ② ③ ④	① M Your baby is over there. W Thank you. ② M Jenny is taking care of your baby. W Thank you for telling me. ③ M Your baby is crying. W She's sick. ④ M Your baby is so cute. W Thank you.	① 남 당신의 아이가 저기에 있네요. 여 고마워요. ② 남 Jenny가 당신의 아기를 돌보고 있어요. 여 알려 주셔서 고마워요. ③ 남 당신의 아이가 울고 있네요. 여 아파서 그래요. ④ 남 당신의 아이가 아주 귀엽네요. 여 고마워요.

	문제	스크립트	해석
05	질문을 듣고, 가장 알맞은 대답을 고르세요. ① Good luck! ② I think I did poorly. ✓ ③ Did you study a lot? ④ Thank you very much.	How was your test?	네가 본 시험은 어땠어? ① 행운을 빌어! ② 잘 못 본 거 같아. ③ 공부 많이 했니? ④ 정말 고마워. **poorly** 좋지 못하게
06	대화를 듣고, 두 사람이 무엇에 대해 이야기하고 있는지 고르세요. ① 어버이날 선물 ② 자전거 관리법 ③ 자전거의 종류 ④ 여자의 새 자전거 ✓	M Wow, you got a new bicycle! W Yes, my parents bought it for me. My old one didn't work anymore. M It looks really good. W Yes, but I have to take good care of it.	남 와, 너 새 자전거를 샀구나! 여 응, 우리 부모님이 내게 사 주셨어. 예전 자전거가 더 이상 못 쓰게 되어서. 남 그거 정말로 좋아 보인다. 여 응, 그래도 내가 잘 다뤄야 하지.
07	대화를 듣고, 도서관의 일요일 문 닫는 시각을 고르세요. ① 7 p.m. ② 5 p.m. ③ 9 p.m. ④ closed all day ✓	W This is Kelly from the public library. How may I help you? M Yes. How late are you open? W We close at 7 p.m. on weekdays and on Saturdays at 5 in the afternoon. But we are closed on Sunday. We open at 9 o'clock the next morning. M I see. You have been a great help. Thanks.	여 공공 도서관의 Kelly입니다. 무엇을 도와드릴까요? 남 네. 도서관은 얼마나 늦게까지 문을 여나요? 여 평일에는 오후 7시에, 토요일에는 오후 5시에 문을 닫습니다. 하지만 일요일에는 문을 닫습니다. 저희는 다음날 아침 9시에 문을 엽니다. 남 알겠습니다. 큰 도움이 되었어요. 감사합니다. **public library** 공공[공립] 도서관 **weekday** 평일
08	대화를 듣고, 남자가 옷을 살 때 중요하게 여기는 것이 무엇인지 고르세요. ① 가격 ✓ ② 스타일 ③ 브랜드 ④ 사이즈	M Jane, what is most important to you when you buy clothes? W To me, style is the most important thing. What about you? M Maybe the price. Anything cheap and of good quality is fine with me. W Let's go and get some new clothes. I will buy you something for your graduation.	남 Jane, 옷을 살 때 네게 가장 중요한 것이 뭐니? 여 나에겐 스타일이 가장 중요해. 너는 어때? 남 아마도 가격이겠지. 난 싸고 질 좋은 것이면 무엇이든 좋더라. 여 새 옷 사러 가자. 내가 졸업 기념으로 네게 하나 사 줄게. **price** 가격 **quality** 질, 품질 **graduation** 졸업
09	다음을 듣고, this가 가리키는 것이 무엇인지 고르세요. ① map ② notebook ③ dictionary ✓ ④ telephone	Sometimes when I study English, I don't know the meaning of a word. I can always look it up in this and find the meaning. What is this?	가끔 저는 영어를 공부할 때 단어의 의미를 모릅니다. 저는 항상 이것을 찾아볼 수 있고 그 의미를 알 수 있습니다. 이것은 무엇일까요? **meaning** 의미 **look up** (정보를) 찾아보다 **map** 지도

10	**대화를 듣고, 남자에 대한 여자의 태도로 알맞은 것을 고르세요.** ① 칭찬함 ② 고마워함 ③ 빈정거림 ④ 과소평가함	W This is so delicious! I didn't know you were such a good cook. M I learned a few things when I worked in a restaurant. W I can't believe it. This salad is so tasty. M Thanks. It's my favorite as well.	여 이거 정말 맛있다! 난 네가 그렇게 훌륭한 요리사인 줄 몰랐어. 남 내가 식당에서 일할 때 몇 가지 배운 거야. 여 믿을 수가 없어. 이 샐러드 정말 맛있어. 남 고마워, 그것은 내가 가장 좋아하는 것이기도 해. **cook** 요리사 **believe** 믿다 **salad** 샐러드 **tasty** 맛있는
11	**대화를 듣고, 여자가 살고 있는 곳을 고르세요.** ① Brazil ② Mexico ③ Canada ④ America	M Welcome back to the States. How was your business trip to Canada? W I really enjoyed it, but I am glad to be back home. M Did you go to any other places? W Yes, I stopped in Brazil and Mexico for several days. I'm a little tired now.	남 미국에 돌아오신 걸 환영합니다. 캐나다 출장은 어떠셨습니까? 여 참으로 즐거웠습니다만, 집에 돌아오게 되어 기쁘군요. 남 다른 곳에도 갔었습니까? 여 네, 며칠 동안 브라질과 멕시코에 잠시 들렀습니다. 지금 좀 피곤하군요. **business trip** 출장 **stop in** ~에 잠시 들르다 **several** 몇몇의
12	**대화를 듣고, 대화 내용과 일치하는 것을 고르세요.** ① 남자는 대학생이다. ② 여자는 간호사이다. ③ 남자는 수학을 배운다. ④ 두 사람은 모두 같은 곳에서 일한다.	W Where do you work? M I teach mathematics at the university. What do you do for a living? W I'm a nurse at Concord Hospital.	여 당신은 어디에서 일하시나요? 남 저는 대학에서 수학을 가르칩니다. 당신은 어떤 일을 하시나요? 여 저는 Concord 병원의 간호사입니다. **mathematics** 수학 **university** 대학 **What do you do for a living?** 당신은 어떤 일을 하시나요? **nurse** 간호사
13	**다음을 듣고, 두 사람의 대화가 어색한 것을 고르세요.** ① ② ③ ④	① M Do you want to come to my birthday party? W What a great birthday party! ② W Can you help me? M Yes, what can I do for you? ③ M I am so sorry. I am late. W Be careful not to be late the next time. ④ W Help yourself. M Okay. The food looks great.	① 남 내 생일 파티에 올래? 여 정말 근사한 생일 파티야! ② 여 저 좀 도와주시겠어요? 남 네, 무엇을 도와드릴까요? ③ 남 정말 죄송합니다. 제가 늦었네요. 여 다음에는 늦지 않도록 주의하세요. ④ 여 마음껏 드세요. 남 알겠습니다. 음식이 맛있어 보이네요. **be careful not to** ~하지 않도록 주의하다 **Help yourself.** 마음껏 드세요.

14	**대화를 듣고, 대화가 끝난 후 두 사람이 할 일로 알맞은 것을 고르세요.** ① 은행에 간다. ② 요리를 한다. ③ 도시락을 먹는다. ④ 점심을 사 먹는다.	M I'm hungry. Let's have lunch. W No, I have no money today. M Don't worry about it. I'll buy you lunch today. W Thank you. I'll treat you the next time.	남 배고프다. 점심을 먹자. 여 아니, 오늘은 돈이 없어. 남 걱정 마. 오늘은 내가 점심을 사 줄게. 여 고마워. 다음에는 내가 너에게 한턱 낼게.
15	**대화를 듣고, 여자의 마지막 말에 이어질 남자의 말로 알맞은 것을 고르세요.** ① How kind of you. ② You can't miss it. ③ How lucky you are! ④ Go straight and turn right.	W Where is the library? M Go straight and turn right. W I beg your pardon? M Go straight and turn right.	여 도서관이 어디인가요? 남 곧장 가서 오른쪽으로 도세요. 여 다시 한번 말씀해 주시겠어요? 남 곧장 가서 오른쪽으로 도세요. ① 당신은 참 친절하군요. ② 꼭 찾으실 수 있을 거예요. ③ 당신은 참 운이 좋군요! **I beg your pardon?** 다시 한번 말씀해 주시겠어요?

REVIEW TEST p. 115

A ❶ soldier, 군인 ❷ tasty, 맛있는 ❸ weekday, 평일 ❹ believe, 믿다
❺ quality, 질, 품질 ❻ salad, 샐러드 ❼ graduation, 졸업
❽ look up, (정보를) 찾아보다 ❾ on the spot, 제자리에서 ❿ Help yourself., 마음껏 드세요.

B ❶ beg, pardon ❷ treat you ❸ mathematics, university
❹ good cook ❺ Be careful not ❻ bending his knees
❼ for a living

TEST 19 p. 116

01 ④ 02 ④ 03 ② 04 ④ 05 ③ 06 ④ 07 ③ 08 ④
09 ② 10 ③ 11 ④ 12 ③ 13 ④ 14 ① 15 ①

	문제 및 정답	받아쓰기 및 녹음내용	해석
01	다음을 듣고, 빈칸에 알맞은 것을 고르세요. The library didn't have the book I ______. ① want ② went ③ won't ④ wanted	The library didn't have the book I wanted.	도서관에는 내가 원하는 책이 없었어.
02	다음을 듣고, 그림과 일치하는 것을 고르세요. ① ② ③ ④	① The puppy is white with black paws and black ears. ② The puppy is white with black ears and a black tail. ③ The puppy is black with white paws and white ears. ④ The puppy is black with white paws and a white chest.	① 강아지는 하얗고, 검은 발과 검은 귀를 가졌다. ② 강아지는 하얗고, 검은 귀와 검은 꼬리를 가졌다. ③ 강아지는 까맣고, 하얀 발과 하얀 귀를 가졌다. ④ 강아지는 까맣고, 하얀 발과 하얀 가슴을 가졌다. **paw** (동물의 발톱 달린) 발 **tail** 꼬리 **chest** 가슴, 흉부
03	다음을 듣고, 그림과 일치하는 것을 고르세요. ① ② ③ ④	① It's a quarter to four. ② It's fifteen past four. ③ It's twenty-five past four. ④ It's four thirty.	① 4시 15분 전입니다. ② 4시 15분입니다. ③ 4시 25분입니다. ④ 4시 30분입니다.
04	다음을 듣고, 그림의 상황에 알맞은 대화를 고르세요. ① ② ③ ④	① W Do you have any brothers or sisters? M No, I'm an only child. ② M I will cook for you. W That's great. I look forward to that. ③ W We should hang out sometime after school. M Yes, we should! ④ M Oh, no! I gained 10kg. W Why don't you work out more?	① 여 형제나 자매가 있나요? 남 아니요, 전 외동입니다. ② 남 제가 당신을 위해 요리해 줄게요. 여 좋아요. 정말 기대되네요. ③ 여 우리 방과 후에 언제 한번 놀자. 남 응, 그래야지! ④ 남 오, 이런! 체중이 10kg이나 늘었어요. 여 좀 더 운동하는 게 어때요? **only child** 외동 **look forward to** ~을 몹시 기대하다 **hang out** 어울려 놀다, 함께 시간을 보내다 **gain** (체중이) 늘다 **work out** 운동하다

05	**질문을 듣고, 가장 알맞은 대답을 고르세요.** ① This is my cousin. ② Oh, that's great news. ③ Put it next to the bed. ④ I don't want to buy this lamp.	Where should I put this lamp?	이 램프는 어디에 놓아야 하나요? ① 이쪽은 제 사촌이에요. ② 오, 정말 좋은 소식이네요. ③ 침대 옆에 놓으세요. ④ 저는 이 램프를 사고 싶지 않아요.
06	**대화를 듣고, 두 사람이 무엇에 대해 이야기하고 있는지 고르세요.** ① 친구에게 사과하기 ② 시험 결과에 대한 염려 ③ 학교 조별 과제 끝내기 ④ 새로운 환경에 대한 걱정	M Mom, I don't want to leave here. W I'm sure you will like the new house. M But I don't want to leave my friends. W Don't worry. You can make new friends at school. M Well, I'm worried about making new friends.	남 엄마, 여길 떠나고 싶지 않아요. 여 넌 분명 새집을 좋아할 거야. 남 하지만 전 친구들을 떠나고 싶지 않아요. 여 걱정 마. 넌 학교에서 새 친구들을 사귈 수 있단다. 남 음, 전 새로운 친구들을 사귀는 것이 걱정돼요.
07	**대화를 듣고, 여자가 지불해야 할 금액을 고르세요.** ① $4.50 ② $5 ③ $5.50 ④ $6	W How much is a bowl of noodles? M It's 4 dollars and 50 cents. If you add chicken, it's 1 dollar more. W How much is it to add more vegetables? M I'll add more vegetables for free. W Oh, thank you. I'll have a bowl of noodles with chicken and vegetables.	남 국수 한 그릇에 얼마인가요? 여 4달러 50센트입니다. 닭고기를 추가하시면 1달러가 더 붙고요. 여 야채를 더 추가하면 얼마인가요? 남 제가 야채는 무료로 더 넣어드릴게요. 여 오, 감사합니다. 닭고기와 야채를 곁들인 국수 한 그릇 주세요. **bowl** 그릇 **noodle** 국수 **add** 넣다, 추가하다 **for free** 무료로
08	**대화를 듣고, 여자가 남자에게 부탁한 일로 알맞은 것을 고르세요.** ① 방 청소하기 ② 침대 정돈하기 ③ 화분에 물 주기 ④ 화장실 청소하기	W Andrew, can you help me clean the bathroom? M I'm busy now, but I can do it in an hour. W Never mind. I'll just do it myself. M Sorry, but I will make sure to clean my room.	여 Andrew, 내가 화장실을 청소하는 것을 도와줄래요? 남 지금은 바쁘지만, 한 시간 후에는 도와줄 수 있어요. 여 신경 쓰지 말아요. 그냥 내가 할게요. 남 미안해요, 하지만 내 방 청소는 꼭 내가 할게요.
09	**다음을 듣고, 어떤 직업에 대한 설명인지 고르세요.** ① 조련사 ② 수의사 ③ 이발사 ④ 애견 미용사	They work at animal hospitals and treat sick animals like puppies and cats. They give shots and medicine to the animals. They usually wear clean white coats.	그들은 동물 병원에서 일하며 강아지, 고양이 등과 같은 아픈 동물들을 치료합니다. 그들은 그 동물들에게 주사를 놓아주고 약을 줍니다. 그들은 보통 깨끗한 흰색 웃옷을 입습니다. **treat** 치료하다 **puppy** 강아지 **shot** 주사 **coat** 웃옷, 코트

10 대화를 듣고, 여자의 심정으로 알맞은 것을 고르세요.

① sad
② upset
③ excited
④ embarrassed

W Guess what? My team won the final game!
M Congratulations! You must feel so good right now.
W Yes. I still can't believe it.
M I know how you feel.

여 있잖아. 우리 팀이 결승전에서 우승했어!
남 축하해! 지금 기분이 정말로 좋겠구나.
여 응. 아직도 못 믿겠어.
남 어떤 기분인지 알아.

final game 결승전
embarrassed 당황스러운

11 대화를 듣고, 두 사람이 대화하는 장소로 가장 알맞은 곳을 고르세요.

① library
② hospital
③ post office
④ stationery store

M How can I help you?
W I'm looking for some colored pencils. Where can I find them?
M Go to the second aisle, and you will see them.
W Thank you.

남 무엇을 도와드릴까요?
여 색연필을 찾고 있는데요. 어디에서 찾을 수 있나요?
남 두 번째 통로로 가시면 보일 거예요.
여 감사합니다.

colored pencil 색연필 **second** 두 번째의
stationery store 문구점

12 대화를 듣고, 대화 내용과 일치하는 것을 고르세요.

① 여자는 남자에게 사과하고 있다.
② 남자는 어제 즐거운 시간을 보냈다.
③ 남자는 어제 친구와 자전거를 탔다.
④ 남자는 날씨가 좋지 않아서 친구와의 약속을 취소했다.

M I went biking with my friend yesterday.
W Did you have a good time with him?
M Not really. It was too cloudy and cold for biking.
W I'm sorry to hear that.

남 난 어제 친구와 자전거를 타러 갔어.
여 그 친구와 좋은 시간을 보냈니?
남 그렇진 않았어. 자전거를 타기에는 날씨가 너무 흐리고 추웠어.
여 그것 참 안됐다.

go biking 자전거를 타러 가다

13 다음을 듣고, 두 사람의 대화가 어색한 것을 고르세요.

① ② ③ ④

① M How many school clubs are there?
W There are about ten.
② W Don't make noise in the library!
M I'm sorry. I'll be quiet.
③ M Are you ready to order?
W Yes, please. I want chicken soup.
④ W What's your teacher like?
M No, he isn't. He is very shy.

① 남 학교 동아리가 몇 개나 있어?
여 10개 정도 있어.
② 여 도서관에서 시끄럽게 하지 마세요!
남 죄송해요. 조용히 할게요.
③ 남 주문할 준비가 되셨나요?
여 네. 닭고기 수프로 할게요.
④ 여 너희 선생님은 어떤 분이셔?
남 아니, 그분은 그렇지 않아. 수줍음이 아주 많으셔.

make noise 시끄럽게 하다 **quiet** 조용한
shy 수줍어하는

14	**다음을 듣고, 남자의 여동생이 일본어를 배우는 이유를 고르세요.** ① 일본 여행을 가기 위해 ✓ ② 일본 영화를 보기 위해 ③ 일본 소설책을 읽기 위해 ④ 일본인 친구와 대화하기 위해	My younger sister is planning to travel around Japan alone. So she is studying Japanese really hard. She wants to make beautiful memories in Japan. I hope she keeps enjoying Japanese.	제 여동생은 혼자서 일본을 여행하려고 계획하고 있습니다. 그래서 동생은 일본어를 정말 열심히 공부하고 있습니다. 동생은 일본에서 아름다운 추억들을 만들고 싶어 합니다. 동생이 계속해서 일본어를 배우는 것을 즐기길 바랍니다. **Japanese** 일본어 **memory** 추억, 기억 **keep -ing** 계속해서 ~하다
15	**대화를 듣고, 여자의 마지막 말에 이어질 남자의 말로 알맞은 것을 고르세요.** ① Yes, she's getting better. ✓ ② You know, I agree with you. ③ No, she works at the hospital. ④ I enjoying taking care of my brother.	M I'm so busy taking care of my younger brother these days. W Why do you have to take care of him? M Because my mom's in the hospital. W That's too bad. Is she okay? M Yes, she's getting better.	남 난 요즘 남동생을 돌보느라 너무 바빠. 여 왜 네가 동생을 돌봐야 하는 거니? 남 왜냐하면 엄마가 병원에 입원하셨거든. 여 그것 참 안됐구나. 어머니는 괜찮으셔? 남 응, 점점 더 좋아지고 계셔. ② 너도 알다시피, 나는 네 의견에 동의해. ③ 아니, 그녀는 병원에서 일해. ④ 나는 남동생 돌보는 것을 좋아해.

REVIEW TEST p. 121

A ❶ shy, 수줍어하는 ❷ puppy, 강아지 ❸ memory, 추억, 기억 ❹ tail, 꼬리 ❺ quiet, 조용한 ❻ Japanese, 일본어 ❼ only child, 외동 ❽ go biking, 자전거를 타러 가다 ❾ look forward to, ~을 몹시 기대하다 ❿ hang out, 어울려 놀다, 함께 시간을 보내다

B ❶ bowl, noodles ❷ won, final ❸ quarter to ❹ make noise, library ❺ add, for free ❻ make beautiful memories ❼ give shots, medicine

TEST 20 p. 122

01 ② 02 ① 03 ④ 04 ④ 05 ② 06 ② 07 ③ 08 ②
09 ④ 10 ④ 11 ② 12 ④ 13 ③ 14 ② 15 ①

	문제 및 정답	받아쓰기 및 녹음내용	해석
01	다음을 듣고, 빈칸에 알맞은 것을 고르세요. Are you going to ______ the proposal? ① access ② accept ③ except ④ expect	Are you going to accept the proposal?	너는 그 제안을 받아들일 거니? **proposal** 제안
02	다음을 듣고, 그림과 일치하는 것을 고르세요. ① ② ③ ④	① The boy is looking at the fish. ② The boy is fishing in the river. ③ The boy is cleaning the window. ④ The boy is diving into the water.	① 남자아이는 물고기를 보고 있다. ② 남자아이는 강에서 낚시하고 있다. ③ 남자아이는 창문을 닦고 있다. ④ 남자아이는 물속으로 뛰어들고 있다. **dive** (물속에) 뛰어들다, 다이빙하다
03	다음을 듣고, 그림과 일치하는 것을 고르세요. ① ② ③ ④	① The women are having a meal. ② The women are setting the table. ③ The women are sitting side by side. ④ The women are looking at the menu.	① 여자들은 식사를 하고 있다. ② 여자들은 상을 차리고 있다. ③ 여자들은 나란히 앉아 있다. ④ 여자들은 메뉴판을 보고 있다. **side by side** 나란히
04	다음을 듣고, 그림의 상황에 알맞은 대화를 고르세요. ① ② ③ ④	① M Would you like some more food? W No, thanks. I had enough. ② W How do I get to the bakery? M Go straight and turn right at the second corner. ③ M Can I get you something to eat? W Please. A ham sandwich would be great. ④ W I'd like to pay for this. M Okay. Do you need a receipt?	① 남 좀 더 드시겠어요? 여 아니요, 괜찮습니다. 충분히 먹었어요. ② 여 빵집에 어떻게 가면 되나요? 남 쭉 가셔서 두 번째 모퉁이에서 오른쪽으로 도세요. ③ 남 내가 먹을 것 좀 사다 줄까? 여 좋지. 햄 샌드위치를 사다 주면 좋겠어. ④ 여 이거 계산해 주세요. 남 네. 영수증 필요하세요? **bakery** 빵집, 제과점

05	**질문을 듣고, 가장 알맞은 대답을 고르세요.** ① It's six o'clock now. ② Let's meet at 1 p.m. ③ It's on the second floor. ④ I will meet her tomorrow.	What time should we meet?	우리 몇 시에 만나야 해? ① 지금은 6시야. ② 1시에 만나자. ③ 그건 2층에 있어요. ④ 나는 내일 그녀를 만날 거야.
06	**대화를 듣고, 두 사람이 무엇에 대해 이야기하고 있는지 고르세요.** ① 봉사 활동 ② 주말 활동 ③ 방학 계획 ④ 오늘의 일정	W Hello, Jim! What do you usually do on weekends? M I usually go climbing with my father. How about you, Sally? W I like to play computer games and watch movies on weekends. Sometimes I go grocery shopping with my family.	여 안녕, Jim! 너는 주말에 보통 무엇을 하니? 남 나는 주로 아빠와 등산하러 가. Sally, 너는 어때? 여 나는 주말에 컴퓨터 게임을 하는 것과 영화 보는 것을 좋아해. 가끔 나는 가족과 함께 장을 보러 가기도 해. **go climbing** 등산하러 가다 **go grocery shopping** 장 보러 가다
07	**대화를 듣고, 여자가 지불해야 할 금액을 고르세요.** ① $15 ② $17 ③ $19 ④ $25	M Good evening. Joy Restaurant. W Hi. I'm calling to place an order for delivery. M What would you like to order? W I would like to have an order of fried chicken and French fries. M Your total comes to 19 dollars. W All right. Do you take credit cards?	남 안녕하세요, Joy 식당입니다. 여 안녕하세요, 배달 주문을 하려고 전화했습니다. 남 무엇을 주문하시겠어요? 여 프라이드치킨 한 마리와 감자 튀김을 주문하고 싶습니다. 남 총 19달러입니다. 여 알겠습니다. 신용카드도 받으시나요? **place an order** 주문을 하다
08	**다음을 듣고, 내일의 날씨로 알맞은 것을 고르세요.** ① rainy ② sunny ③ windy ④ cloudy	Good morning. I'm Jill Smith. Here is the CNC weather report. Starting last night until early this morning, we had heavy rain with strong winds. Now, it is not raining. It will be nice and sunny in the afternoon. The sunny weather will continue the next day as well.	안녕하세요. 저는 Jill Smith입니다. CNC 일기 예보입니다. 어젯밤부터 오늘 아침 일찍까지 강풍이 불면서 폭우가 내렸습니다. 이제 비는 내리지 않습니다. 오후가 되면 날씨가 좋고 화창할 것입니다. 화창한 날씨는 다음 날에도 계속되겠습니다.
09	**다음을 듣고, these가 가리키는 것이 무엇인지 고르세요.** ① pots ② knives ③ scissors ④ chopsticks	These are commonly used in China, Japan, and Korea. You can find these in the kitchen. These are not big but long. These are usually made of wood or metal. You can hold them in your hand and use them to pick up food.	이것은 중국, 일본, 한국에서 흔히 사용됩니다. 여러분은 이것을 부엌에서 찾을 수 있습니다. 이것은 크지는 않지만 깁니다. 이것은 보통 나무나 금속으로 만들어집니다. 여러분은 이것을 손에 들고 음식을 집는 데 사용할 수 있습니다. **commonly** 흔히 **metal** 금속 **pick up** 집다, 들어 올리다

10 대화를 듣고, 남자의 심정으로 알맞은 것을 고르세요.

① glad
② bored
③ jealous
④ unhappy

W How did you do on the final exam?
M I'm afraid I didn't do very well.
W Didn't you study hard for it?
M Yes, I did. But I solved only a few questions. I don't really want to talk about it anymore.

여 넌 기말고사를 어떻게 봤니?
남 난 그다지 잘하지 못한 것 같아.
여 기말고사를 위해 열심히 공부하지 않았니?
남 응, 했어. 하지만 나는 몇 문제밖에 못 풀었어. 그것에 관해서는 정말로 더 이상 얘기하고 싶지 않아.

final exam 기말고사

11 대화를 듣고, 두 사람이 대화하는 장소로 가장 알맞은 곳을 고르세요.

① 호텔
② 병원
③ 약국
④ 미용실

M Good morning. I'm here for my 10 o'clock appointment with the doctor.
W What is your name, please?
M My name is John Walker.
W Okay. Have a seat and wait a moment, please. He will be with you soon.

남 안녕하세요. 저는 의사 선생님과 10시에 예약이 되어 있어서 왔습니다.
여 성함이 무엇입니까?
남 제 이름은 John Walker입니다.
여 알겠습니다. 자리에 앉아 잠시만 기다려 주세요. 조금 있으면 의사 선생님을 만나 뵈실 수 있습니다.

appointment 예약, 약속

12 대화를 듣고, 대화 내용과 일치하지 않는 것을 고르세요.

① 여자는 남자에게 감사를 표현했다.
② 남자는 여행 가이드로 3년 동안 일해 왔다.
③ 남자는 여행 가이드로 일하기 전까지는 학생이었다.
④ 남자는 대학에서 관광학을 공부했다.

W Thank you for showing us around this amazing place. How long have you been a tour guide?
M Three years.
W What did you do before becoming a tour guide?
M Hmm, before that, I was a student. I studied history at university.
W That's why you are good at it.

여 이렇게 굉장한 곳으로 저희를 안내해 주셔서 감사해요. 얼마나 오랫동안 여행 가이드로 일하셨어요?
남 3년간 일해 왔어요.
여 여행 가이드가 되기 전에는 무엇을 하셨나요?
남 음, 그 전에는 학생이었어요. 저는 대학에서 역사를 공부했어요.
여 그래서 역사를 잘 아시는군요.

show ~ around ~을 안내하다 **amazing** 굉장한, 놀라운 **tour guide** 여행 가이드 **history** 역사 **That's why ~** 그래서 ~이다, 그것이 ~한 이유이다

13 다음을 듣고, 두 사람의 대화가 자연스러운 것을 고르세요.

① ② ③ ④

① M Can I have some Coke, too?
W Sure, I have salt and pepper.
② W Do you like singing?
M Yes, it's my favorite sport.
③ M Can I help you with that?
W Oh, thank you.
④ W Where do you live?
M I'm going to visit Italy.

① 남 저도 콜라 좀 마실 수 있을까요?
여 물론이죠, 소금과 후추가 있어요.
② 여 노래하는 걸 좋아하세요?
남 네, 그건 제가 가장 좋아하는 운동이에요.
③ 남 제가 그걸 도와드릴까요?
여 오, 고마워요.
④ 여 어디에 사시나요?
남 저는 이탈리아를 방문할 거예요.

salt 소금

14	**대화를 듣고, 남자의 기분이 좋지 않은 이유를 고르세요.** ① 친구와 다퉈서 ② 독감에 걸려서 ③ 시험을 못 봐서 ④ 직장을 그만두어서	W Hi. You look very tired today. M I don't feel well. W Gee, what's the matter? M I've got the flu. W That's too bad. I hope you get better soon.	여 안녕. 너는 오늘 매우 피곤해 보여. 남 몸이 영 좋지 않아. 여 이런, 무슨 일이야? 남 독감에 걸렸어. 여 그것 참 안됐다. 빨리 낫길 바라.
15	**대화를 듣고, 여자의 마지막 말에 이어질 남자의 말로 알맞은 것을 고르세요.** ① No, thanks. ② How much is it? ③ Don't worry about it. ④ Yes, I'd like to go to City Hall.	W Can I take your order? M Yes, please. What's the soup of the day? W Chicken soup. M I would like to order that. W Is there anything else? M No, thanks.	여 주문을 받아도 될까요? 남 네, 부탁드립니다. 오늘의 수프는 무엇인가요? 여 치킨 수프입니다. 남 그걸 주문하고 싶어요. 여 더 필요한 건 없으신가요? 남 네, 괜찮습니다. ② 얼마인가요? ③ 그건 걱정 마세요. ④ 네, 저는 시청에 가고 싶어요.

REVIEW TEST p. 127

A
❶ salt, 소금 ❷ metal, 금속 ❸ history, 역사 ❹ proposal, 제안
❺ tour guide, 여행 가이드 ❻ final exam, 기말고사 ❼ appointment, 예약, 약속
❽ pick up, 집다, 들어 올리다 ❾ side by side, 나란히 ❿ place an order, 주문을 하다

B
❶ grocery shopping ❷ get better ❸ showing, around
❹ need a receipt ❺ having a meal ❻ How, bakery
❼ diving into

Memo

Memo

Memo

COOL LISTENING

Basic 2 영어듣기 모의고사

- **예비 중학생**을 위한 3단계 리스닝 프로그램
- 의사소통에 필요한 **다양한 주제들로 구성**
- 다양한 실전 시험 문제 유형을 반영한 **모의고사 20회**
- **실전 TEST → 받아쓰기 → 중요 어휘 · 문장 복습**의 단계별 청취 훈련
- **0.8배속 / 1.0배속 / 1.2배속의 3가지 MP3 파일** 제공
- **본문 QR코드 삽입**으로 편리한 음원 재생

부가자료 다운로드 **www.darakwon.co.kr**
- MP3 파일 (문항별 / 3가지 배속 포함)
- 어휘 리스트 / 어휘 테스트

COOL LISTENING Basic 시리즈